La Joie au Menu

Note sur l'auteure :

Martha Beck est coach de vie et chroniqueuse pour le magazine mensuel *O, The Oprah Magazine.* Elle a enseigné le développement de carrière à l'American Graduate School of International Management et a été l'assistante de recherches de John Kotter à l'école de commerce de Harvard. Elle est l'auteure du livre à succès *Trouver sa bonne étoile.* Martha Beck vit à Phoenix, en Arizona. Pour de plus amples renseignements, vous pouvez visiter son site Web www.MarthaBeck.com

Note de l'auteure :

Ce livre donne des exemples réels qui proviennent de mes rencontres avec mes clients. Bien que l'histoire propre à chaque exemple soit vraie, j'ai cependant changé les noms de mes clients ainsi que certains autres détails afin de respecter leur vie privée. Il en va de même pour les histoires qui proviennent de mes amis et des membres de ma famille, sauf pour les membres de ma famille immédiate, dont les noms et l'histoire n'ont pas été modifiés.

MARTHA BECK

La Joie au Menu

10 recettes quotidiennes pour être plus heureux

Traduit de l'anglais par
Annie J. Ollivier

Catalogage avant publication de Bibliothèque et Archives
nationales du Québec et Bibliothèque et Archives Canada

Beck, Martha Nibley, 1962-

 La joie au menu : dix recettes quotidiennes pour être plus heureux

 Traduction de : The joy diet.

 ISBN 978-2-89466-136-9

 1. Bonheur. 2. Joie. 3. Réalisation de soi. I. Titre.

BF575.H27B4214 2008 152.4'2 C2008-940471-8

Les Éditions du Roseau bénéficient du soutien financier des institutions
suivantes pour leurs activités d'édition :

* Gouvernement du Canada par l'entremise du Programme d'aide au développement de l'industrie de l'édition (PADIÉ)
* Société de développement des entreprises culturelles du Québec (SODEC)
* Programme de crédit d'impôt pour l'édition de livres du gouvernement du Québec

Conception graphique
de la page couverture : Carl Lemyre

Illustration de la
page couverture : Marjolaine Gagnon, *Histoire d'amour*

Infographie : Nicole Brassard

Titre original : *The Joy Diet : 10 Daily Practices for a Happier Life*
      Crown Publishers, une division de Random House,
      New York

Copyright © 2001 Martha Beck

Copyright © 2008 Éditions du Roseau, Montréal
       pour la traduction française

Tous droits de traduction, de reproduction
et d'adaptation réservés pour tous pays.

ISBN : 978-2-89466-136-9

Dépôt légal : Bibliothèque et Archives nationales du Québec, 2008
      Bibliothèque et Archives Canada, 2008

Distribution : Diffusion Raffin
     29, rue Royal
     Le Gardeur (Québec)
     J5Z 4Z3
     Courriel : info@diffusionraffin.com

Site Internet : http ://www.roseau.ca

Imprimé au Canada

À ma famille, proche et éloignée.
Je vous aime tous à jamais.

Remerciements

Pour débuter, je voudrais remercier mes clients dont la confiance et les efforts rendent mon travail si satisfaisant. J'espère que ce livre transmettra la fierté, la gratitude et l'amour que j'éprouve quand je vois leur vie changer.

Je remercie du fond du cœur les nombreux employés de Crown Publishers qui m'ont aidée à réaliser ce projet. Betsy Rapoport, la meilleure éditrice de l'histoire de la terre, qui m'a donné l'idée de ce livre et m'a aidée à développer plusieurs de ses composantes. Je n'ai jamais rencontré quelqu'un d'aussi brillant, talentueux et bienveillant, ni aussi habile à tenir un compteur à poussoir d'une main et une margarita de l'autre. Chip Gibson, cet homme drôle à mourir et plein de compassion a cru d'emblée à mon travail avant que quiconque n'en ait entendu parler. Stephanie Higgs m'a épaulée sans aucune réserve dans toutes les étapes de la publication du livre. Je me sens un peu coupable mais aussi pleine de gratitude. Steve Ross a peaufiné mon écriture, m'a donné des conseils réconfortants quand j'en avais le plus besoin et s'est rendu disponible sans discontinuer, nonobstant toutes ses autres obligations.

Mon agente littéraire, Beth Vesel, est passée sans le moindre effort du rôle de baby-sitter à celui de femme d'affaires et je la remercie du fond du cœur pour les deux.

J'ai aussi beaucoup appris de la merveilleuse équipe du magazine *O, The Oprah Magazine*, en particulier de ma réviseure, Mamie Healey, et de la fantastique Amy Gross. Leur sagesse, leur discernement sans faille et leurs commentaires tout en douceur m'ont aidée à m'épanouir en tant qu'écrivaine et que personne. Je leur en suis reconnaissante chaque jour.

Également toute ma gratitude à la docteure Ruth Killpack, qui m'a conduite sur le chemin m'ayant amenée à *La joie au menu* et qui m'a épaulée alors que j'apprenais à avancer seule sur ce chemin. Ruth et la docteure Rita Edmonds m'ont encouragée à écrire ce livre alors qu'il n'était qu'une fragile étincelle dans mon esprit et je les remercie de leur soutien constant.

Mille mercis à Annette Rogers, qui est souvent ma première réviseure et ma plus grande fan. Je ne cesse d'être surprise par l'élasticité et la générosité de son amitié.

Je n'aurais jamais pu finir ce livre si mon amie Lili ne m'avait pas aidée à rester honnête, engagée et de bonne humeur au cours de nombreuses séances forcées d'écriture. Son humour et ses intuitions transpirent dans ce livre : c'est elle qui sera à blâmer pour les lecteurs qui n'auront pas aimé le livre. De mon côté, je lui dois seulement des remerciements et de l'amour.

Enfin, j'aimerais remercier les membres un peu fous de ma famille : Eggen, dont la bonté tout simplement étonnante change ma vie tous les jours ; Veggie Boy, qui a cru en moi avant qu'il n'y ait eu quelque chose en quoi croire ; Ronald le terre-à-terre, qui est un des êtres les plus généreux que je connaisse ; Kat, mon lézard effronté et comique, l'élément supplémentaire hautement inspirant, toujours sardonique et perspicace. Merci, vous tous. Tout ce que je connais de la joie, je l'ai appris de vous.

INTRODUCTION

De temps en temps, quand je me sens encore plus grosse, plus apathique ou malade que d'habitude, j'entreprends un régime que j'ai élaboré au fil des années. Ce programme comprend des conseils dispensés par un nombre incalculable de livres en développement personnel, d'articles de magazine, de médecins, d'amis et d'étrangers bienveillants. Ce programme fonctionne très bien pour moi. Cependant, il n'a rien à voir avec ce livre. Si vous cherchez des façons de perdre ce petit ventre ou de raffermir vos fesses, j'ai bien peur que vous ne deviez chercher ailleurs. En ce qui me concerne, votre ventre et vos fesses sont parfaits pour l'instant, et je ne veux pas dire par là de m'envoyer vos photos. Ce livre contient des conseils pour un autre genre de régime, un régime qui n'est pas conçu pour le corps, mais pour l'âme. En fait, je n'écrirai jamais un livre sur les régimes dans le sens de l'alimentation parce que je ne suis pas une experte dans le domaine. Je suis coach de vie et ce livre contient des données d'un autre genre de « régime », c'est-à-dire un régime qui s'adresse à l'âme.

Le régime de *La joie au menu* propose dix comportements que vous pouvez intégrer à vos façons de penser et de vous comporter afin d'enjoliver chaque journée de votre imprévisible existence. Ces comportements, vous pouvez les ajouter graduellement et ainsi observer votre vie devenir plus vitale et satisfaisante. Ou vous pouvez y aller à fond et d'un coup quand vient le temps d'affronter les urgences de la vie : le jour où votre chat tombe malade, votre amoureux vous laisse tomber ou bien où vous vous réveillez un beau matin, sans l'avoir prévu, avec la conscience de votre propre mortalité. Ce menu est à adopter quand vous voulez vous sentir mieux et surtout quand vous ne savez pas quoi faire pour vous sentir mieux.

J'adhère à la croyance toute romantique que chaque personne a une « vraie vie », qu'elle effectue dans ce monde un périple qui lui apportera le plus de joie et de satisfaction possible. En tant que coach de vie, ma mission est d'aider les gens au cours de leur périple. Mon livre précédent, *Trouver sa bonne étoile*, est fondamentalement une introduction à la façon dont vous pouvez trouver la vie qui vous convient, grâce auquel vous pouvez tracer votre itinéraire de vie, surmonter les obstacles que vous rencontrerez et aborder les expériences auxquelles vous pouvez vous attendre chemin faisant. Il s'agit d'une démarche profonde et transformante qui dure toute la vie (bien que celle-ci se ressente plutôt comme un jeu). Je considère ce livre comme un complément à *Trouver sa bonne étoile* et il constitue aussi un « guide de voyage » intérieur. Il contient des suggestions et des indications qui peuvent rendre votre périple de vie, quel qu'il soit, aussi agréable et heureux que possible. Ce livre vous rappellera de ne pas perdre de vue l'objectif que vous devez vivre dans la joie, même si le périple est éprouvant. Alors que les idées proposées sont très pragmatiques, mon travail m'a souvent fait constater que bien des gens n'y pensent jamais, d'autres y pensent et les oublient souvent, et que se les faire rappeler peut transformer un périple infernal en un périple joyeux. Avec le temps, j'en suis venue à synthétiser ces idées à une courte liste de dix exercices quotidiens grâce à laquelle mes clients en ont pour leur argent, si je peux m'exprimer ainsi. Il s'agit donc des dix recettes qui composent le menu où vous mettrez la joie.

METTRE LES RECETTES EN APPLICATION

J'ai à un moment donné entrepris d'apprendre le Taï Chi, ce vénérable art martial qui consiste à faire trrrrrrrrrrèèèèèès leeeeeeeeeentemeeeeeeeent un enchaînement de mouvements bien précis qui donne l'impression qu'un ours essaie de danser alors qu'il est en hibernation. J'ai été frustrée quand mon professeur m'a appris un seul mouvement fort simple (mettre les pieds parallèles à une distance correspondant à la largeur des épaules et faire monter les bras devant jusqu'à ce qu'ils soient parallèles au sol) et qu'il m'a dit que je devais m'exercer chaque jour pendant une semaine avant de pouvoir apprendre le mouvement suivant. Pour l'amour du ciel, lui ai-je dit, j'apprends vite. Pourquoi ne pas m'apprendre *deux* mouvements par semaine? Il déclina poliment mais fermement ma demande. «Avant de pouvoir vous enseigner un autre mouvement, me dit mon professeur, chaque mouvement doit devenir aussi facile et inconscient que le mouvement qui vous fait passer la main dans les cheveux.»

Au début, j'ai renâclé fortement quant à cette façon progressive et mortellement ennuyeuse d'apprendre. Mais, j'en suis venue à l'apprécier énormément et à la mettre en application dans bien des domaines de ma vie. Peu importe la complexité de ce que vous apprenez, qu'il s'agisse de jouer du piano ou de résoudre des équations d'algèbre, le truc est de décomposer les gestes à poser en comportements apparemment faciles et les répéter jusqu'à ce que vous les fassiez les yeux fermés ou pendant que vous regardez la télévision d'un œil et vos enfants de l'autre.

C'est la méthode que je souhaite que vous utilisiez quand vous entreprendrez ce programme. Je vous recommande d'ajouter, *dans l'ordre* et chaque semaine, un seul exercice ou recette à votre routine quotidienne. Autrement dit, commencez avec un exercice et pratiquez-le une fois par jour pendant au moins sept jours avant d'entreprendre un second exercice. Si, après une semaine, la recette sur laquelle «vous travaillez» n'est pas devenue aussi naturelle et intégrée que le fait de respirer, passez encore quelques jours à la pratiquer. Vous pouvez aller aussi lentement que vous le désirez. Par contre, vous ne devriez pas essayer d'accélérer le rythme en mettant en pratique de but en blanc chaque élément. Cela ne laisse pas assez de temps pour bien focaliser sur chacun d'eux et faire en sorte qu'il devienne comme une seconde nature. Peu importe le temps qu'il vous faudra. Ce qui importe, c'est de continuer à mettre en pratique le comportement jusqu'à ce que vous vous sentiez bizarre si un jour vous ne le faites pas. C'est à ce moment-là que vous pouvez rajouter un nouvel élément.

L'élément le plus difficile et qui prend le plus de temps est la recette numéro 1 : ne rien faire pendant quelques minutes par jour. Les neuf autres éléments sont considérablement plus faciles. Mais si vous pensez qu'ils sont faciles, vous serez déçus. Les éléments de cette démarche créent un rapport direct entre votre esprit conscient et votre être profond, cette partie de vous qui connaît votre raison d'être et qui sait comment la réaliser. Tout cela peut s'avérer terrifiant. Nous sommes tous habitués à cacher notre véritable nature au monde, à nos proches et particulièrement à nous-mêmes (nous le faisons par besoin de sécurité, ce qui est ironique puisque le fait d'oublier qui nous sommes vraiment nous rend profondément anxieux). Le menu de la joie a comme effet de projeter un rayon de lumière sur nos parties cachées et de nous permettre de nous voir et de nous souvenir de notre raison d'être. Et cela peut presque tout changer dans notre vie. J'ai vu d'anciens soldats aguerris et des PDG confiants se mettre à trembler comme des feuilles alors qu'ils envisageaient d'adopter un comportement proposé. Et je dois dire que leurs peurs étaient fondées. Les choses proposées dans ce livre ressemblent à un saut en parachute : elles sont ridiculement faciles et extraordinairement difficiles.

Alors que vous assimilez ces diverses recettes, il se peut que vous découvriez des variantes et des adaptations qui rendent le tout encore plus efficace pour vous. Je vous encourage à faire vos propres expériences, même si cela vous mène dans une direction que je ne mentionne pas. Ce livre n'est qu'un tremplin destiné à vous aider à commencer à développer des habitudes qui vous conduiront ensuite vers la vie la plus satisfaisante possible. Plus vous suivez ces recettes, plus la voix de votre âme vous parlera clairement et mieux vous entendrez les requêtes que seule votre vie connaît. Ce programme, cette façon de vivre et de penser, rend les adeptes semblables, seulement dans le sens où ils adoptent la même démarche pour trouver ce qui est unique en eux. Que vous preniez le bateau parce qu'une intuition vous pousse vers une existence plus significative ou parce qu'une grosse crise vous a laissé sonné et déconcerté, *La joie au menu* vous guidera sur le chemin de la réalisation de vous-même. Je vous souhaite tout le succès du monde et un beau périple quotidien.

Ne rien faire

*Pour commencer, la première recette à mettre au menu de la joie,
c'est de ne rien faire pendant au moins quinze minutes par jour.*

« PARCE QU'IL MANQUE QUELQUE CHOSE DANS MA VIE. »

C'est la raison la plus habituelle que les gens me donnent quand je leur demande pourquoi ils font appel à mes services de coach personnel. Il est très rare que des clients se présentent avec un dilemme clair à résoudre ou un objectif simple à atteindre. Parfois, l'impression qu'il « manque » quelque chose dans leur vie semble vague et inexplicable, et ressemble un peu à la douleur fantôme que les gens à qui on a amputé un membre ressentent. À d'autres occasions, lorsqu'un client est confronté à une perte, un choix ou une crise, sa compulsion à trouver ce quelque chose qui manque est aussi fulgurante et acérée qu'un morceau de verre dans une plaie. Souvent, les gens qui me demandent de l'aide pour trouver ce quelque chose ont fait des milliers de kilomètres et dépensé beaucoup d'énergie, d'argent et de temps. Mais je n'ai rien à leur offrir. Et fort heureusement, car c'est exactement ce dont ils ont besoin.

Rien. Rien du tout. C'est la première recette que vous devez ajouter à votre menu lorsque vous voulez goûter la joie dans votre vie. Que vous le fassiez pour améliorer votre vie en général ou pour faire face à une expérience traumatisante momentanée, je suis presque certaine que vous avez besoin de ce rien, d'une bonne dose bien forte de rien, et tout de suite. Bon, arrêtons de tourner autour du pot ! Ce que je veux dire, c'est que ne rien faire est la meilleure façon de traverser une difficulté et d'avoir accès au silence et à la quiétude parfaite au centre de votre être, à ce moi plus profond que vos sens ou votre mental. Les penseurs scientifiques modernes que nous sommes apprennent rarement qu'une telle chose existe et encore moins comment entrer en contact avec elle ! Mais toutes les vieilles traditions enseignent que de ce centre immobile et silencieux du soi, ce vide infiniment fertile, émerge tout ce qui est authentique en vous : votre identité, votre capacité à reconnaître la vérité et les vraies directives pour mener votre vie.

Le but de ce chapitre est de vous aider à réaliser que vous connaissez déjà cette paix absolue qui règne dans votre être profond, ce « rien » qui vous permet de composer avec tout, qui vous apprend à aborder tous vos problèmes, du plus concret et banal au plus important. Au cas où vous n'auriez jamais fait l'expérience de ce rien, je vais vous présenter la façon dont le décrivent depuis des millénaires, les sages qui ont pris le temps de se familiariser intimement avec lui. Ensuite, comme je suis une personne pragmatique jusqu'au bout des ongles, je vous donnerai quelques recettes pratiques pour que vous puissiez amener ce rien dans votre vie, recettes qui m'ont sauvée de la folie plus souvent que je ne m'en souviens.

Ces techniques peuvent vous guider vers un sanctuaire que jamais personne ne pourra vous enlever. Dans les moments où votre cœur est las, confus ou brisé, quand vous n'avez aucune énergie pour faire quoi que ce soit, vous reviendrez naturellement vers ce dont votre être véritable vous dit avoir besoin : rien. C'est en général le premier pas qui vous éloigne de la souffrance et vous rapproche de la joie.

RÉVÉRER LE SACRO-SAINT QUELQUE CHOSE

Je suis parfaitement consciente que le rien dont je parle puisse dérouter certains de mes lecteurs, car ils ont été conditionnés depuis leur berceau à penser qu'il vaut mieux faire n'importe quoi que de ne rien faire. Un grand nombre de mes clients estiment qu'une personne qui n'accomplit rien, ne pense à rien, n'entreprend rien et ne planifie rien dans une journée a gaspillé vingt-quatre heures. Un grand nombre d'entre eux ruent dans les brancards quand je leur demande de faire ce travail d'une importance cruciale, c'est-à-dire apprendre à rester tranquille. Il se peut que vous aussi ayez des réticences, que vous ayez envie de sauter cette étape pour passer à quelque chose de « plus productif ». Je mets cette expression entre guillemets parce que, en fait, rien faire est la chose la plus productive que vous puissiez faire. C'est la recette essentielle à mettre au menu de la joie pour que les autres recettes puissent vraiment prendre toute leur saveur.

Pour ce faire, vous devrez passer outre certaines règles culturelles profondément ancrées en vous. Nous avons en commun une puissante résistance collective à ne rien faire et plus nous faisons, plus nous nous sentons utiles. Nous pouvons remonter à l'origine du développement sociologique de cette attitude dans l'ouvrage de Max Weber intitulé *L'éthique protestante et l'esprit du capitalisme*, que je vous encourage fortement à lire, surtout si vous appréciez la prose mielleuse. Selon Weber, c'est la valeur fondamentale inhérente au travail ardu et prodigue, c'est-à-dire l'attitude « Reste pas planté là, fais quelque chose », qui a donné lieu à nombre de nos phénoménales réalisations : le décodage du génome humain, la guérison des maladies, les premiers pas sur la lune, l'invention de la bicyclette stationnaire, etc. Il n'y a aucun doute que notre obsession culturelle à faire quelque chose ait donné des résultats spectaculaires.

Mais le problème quand on fait sans cesse quelque chose, sans jamais prendre le temps de se focaliser sur notre centre, c'est comme si on utilisait comme carburant pour faire avancer un bateau, tout l'équipement de navigation qui se trouve à bord. Complètement pris par le processus qui nous pousse à réaliser d'innombrables objectifs, nous perdons notre capacité à déterminer lesquels de ces objectifs importent vraiment et pourquoi. C'est seulement en nous branchant sur notre sens inné de la vérité que nous pouvons nous assurer que l'incroyable richesse et force dont les êtres humains sont dotés seront utilisées à des fins intelligentes et bienveillantes. C'est pour cette raison que, tout au long de l'histoire et partout sur la terre – même dans l'Europe moderne de Max Weber –, de nombreuses et diverses cultures ont vénéré les enseignements de quelques sages âmes qui ont extrêmement bien développé l'art de ne rien faire.

RIEN FAIRE : COMPTE RENDU DES « EXPERTS »

Les mystiques, les saints et les philosophes nous disent tous que l'expérience de ne rien faire, et je veux dire *vraiment* rien faire, est impossible à concrétiser. Pourquoi ? Parce qu'il faut dépasser le stade de la pensée. L'imagerie par résonance magnétique montre que dans la méditation, par exemple, les zones du cerveau habituellement activées quand on pense se calment et qu'une zone complètement différente « s'allume ». Quand cela se produit, la personne qui médite aura peut-être l'impression que l'ego se dissout et se fond dans l'univers. Chip Brown, un journaliste qui a passé des années à s'intéresser aux méthodes alternatives de guérison, se plaignait que chaque fois qu'il se mettait à décrire cette sensation, il finissait par « marteler l'inexprimable ». C'est peut-être la raison pour laquelle les premières paroles du Bouddha quand il a atteint l'éveil furent « Cela ne peut s'enseigner ». Néanmoins, les mots peuvent être le véhicule qui nous rapproche de l'expérience du rien-faire. Et certains des plus précieux écrits de la race humaine concernent justement des approximations de ce que ne rien ajouter dans sa vie veut dire.

Par exemple, les anciens philosophes chinois encourageaient les adeptes à atteindre un état connu sous le nom de *mu*, qui littéralement traduit veut dire « bloc non taillé », autrement dit un quelque chose qui ne porte, ne contient ou ne représente rien. Les maîtres zen japonais utilisent l'expression « miroir vide », l'image de deux surfaces réfléchissantes mises parfaitement l'une face à l'autre. Selon eux, il s'agit de votre visage original, du visage que vous aviez avant que votre père et votre mère ne naissent. En revenant à cette image originale, vous pouvez profondément enraciner votre caractère et vos actes dans le silence radieux qui vous permettra de composer tout en sagesse avec les aléas de la vie, et ce, au-delà de votre ego ou de votre intellect. Le père du taoïsme, Lao Tseu, en parle de la façon suivante :

> *Les rayons de la roue forment son périmètre,*
> *mais c'est son moyeu vide*
> *qui fait avancer la charrette.*

> *L'argile donne sa forme au pot,*
> *mais c'est son vide intérieur*
> *qui contient ce que vous désirez.*

> *Les poutres donnent sa structure à une maison,*
> *mais ce sont les espaces vides*
> *qui créent les pièces.*

> *Nous fonctionnons avec l'être,*
> *mais c'est le non-être que nous utilisons pour ce faire.*

Au cas où ces métaphores orientales ne renvoient à aucun archétype chez vous, sachez que les traditions musulmanes et judéo-chrétiennes expriment le même concept dans leurs écrits. Un de mes écrits préférés se trouve dans l'histoire d'Elijah, dans l'Ancien Testament. Ce prophète se cachait dans une grotte, perdu dans des problèmes qui étaient fort probablement au moins aussi graves que les vôtres (une histoire de meurtres multiples et une équipe de bourreaux en puissance), lorsqu'il entendit Dieu l'appeler. Voici la façon dont le Livre des Rois décrit ce moment :

> *Et Dieu passa, et une grande et forte bourrasque de vent traversa la montagne et fendit les rochers en morceaux devant Dieu, mais Dieu n'était pas dans le vent. Puis, après le vent, vint un tremblement de terre, mais Dieu n'était pas dans le tremblement de terre. Et après le tremblement de terre, il y eut un incendie, mais Dieu n'était pas dans l'incendie. Et après l'incendie, il y eut une petite voix paisible.*

Même si vous n'avez jamais lu ni entendu une histoire de la Bible, il vous est possible de reconnaître l'expérience faite par Elijah. En fait, je serais même surprise d'apprendre que vous n'avez jamais vécu une telle expérience, d'une façon ou d'une autre. Presque tous avons été pris d'assaut par des ouragans, des incendies ravageurs et des tremblements de terre destructeurs. C'est le lot de la planète sur laquelle nous vivons. Vous rappelez-vous la dernière fois où vos idées préconçues ont été balayées aux quatre vents, où votre cœur a été réduit en cendres et votre confiance complètement ébranlée ? Revoyez ces moments passés (ou bien regardez autour de vous si cela vous arrive en ce moment) et essayez de voir si, en plein milieu de cette dévastation, en son centre, vous ne sentez pas quelque chose de petit et de paisible. Dressez l'oreille. En dessous, autour et même dans le chaos cacophonique de votre vie, quelque chose d'infiniment puissant et doux murmure dans votre direction. C'est lorsque tous nos « quelque chose » s'effondrent que nous pouvons enfin accéder au rien et y trouver tout ce dont nous avons besoin.

Il semblerait que presque tout le monde se serve de ce genre de langage paradoxal pour décrire les effets du rien-faire. Saint

Jean de la Croix, un des plus éloquents « artisans du rien » de la tradition chrétienne a mentionné un périple vers une destination « où, l'attendait Celui qu'il connaissait si bien dans ce lieu où l'on ne se trouve jamais ». Il Le qualifia de « bien-aimé », un qualificatif ambigu qui voulait assurément dire Dieu mais pouvait aussi bien vouloir dire le véritable soi qui était aimé par le divin, puisque dans ce lieu vide, comme l'écrit le poète, « celui qui aime et le bien-aimé échangent leurs corps ».

Quelle que soit la métaphore que vous employez pour conceptualiser l'expérience du rien-faire, j'espère que ces brèves descriptions vous ont convaincu que c'est bien plus intéressant que ce que l'on a bien voulu vous faire croire. Si vous souffrez beaucoup en ce moment, vous pourriez trouver quelque chose de curieusement irrésistible dans les paroles de ces grands adeptes du rien-faire. Bien qu'elles n'aient aucun sens logique, elles diffusent un parfum irrationnel qui colle à l'âme souffrante même une fois que le mental les a oubliées, comme le nectar reste sur le bout de vos doigts après que vous ayez tenu une fleur.

QUAND RIEN A DU SENS

J'ai moi-même commencé à m'intéresser au rien à une époque particulièrement stressante de ma vie. J'avais grandi en refusant catégoriquement de ne rien faire, conditionnée par l'éthique américaine du travail, convaincue que je pourrais trouver de la satisfaction dans l'effort, l'optimisme, les exercices physiques et un régime alimentaire à teneur élevée en fibres alimentaires. Cette attitude m'a certes apporté des bienfaits, mais en fin de compte s'est révélée totalement inefficace pour empêcher le sort de frapper. Vers le milieu de la vingtaine, j'étais totalement épuisée, malade comme un chien dans mon corps et dans mon âme. Les douleurs chroniques que j'avais dans les muscles et les articulations m'avaient quasiment rendue grabataire. Je me poussais à travailler vingt atroces heures

par jour, m'efforçant de remettre sur pied une carrière universitaire réduite à néant par les multiples préoccupations qu'avait
engendrées l'arrivée prématurée d'enfants. Un de mes trois enfants d'âge préscolaire était atteint de trisomie 21, ce qui voulait dire qu'il n'accomplirait jamais les choses que je croyais
essentielles au bonheur. Ma vie était pleine à craquer. Et pourtant, plus j'ajoutais d'activités à mon horaire, plus je sentais
qu'il me manquait quelque chose.

Je suis devenue si épuisée que certains mots et certaines
images ont commencé à transpercer le système de croyances
qui me faisait rester dans l'activisme. Cela s'est produit presque
contre ma volonté. Une enfilade de curieuses et continuelles
coïncidences semblaient me pousser à apprendre à ne rien faire.
En fouillant dans des livres que j'utilisais alors que j'étudiais
le chinois à l'université, un vers de poésie taoïste, que je n'avais
jamais remarqué auparavant, me sautait aux yeux et se saisissait
de moi. Au cours de mes multiples passages à l'urgence de l'hôpital, je semblais toujours me retrouver coincée avec le docteur
un peu marginal qui me recommandait «l'observation attentive» au lieu de la bonne vieille morphine comme je le lui demandais. Je me sentais inexplicablement attirée par des gens qui,
une fois que je les connaissais, s'avéraient toujours vouloir chercher le silence et la paix intérieure sur une base régulière. Tout
cela ne pouvait m'aider qu'à plonger. Peu à peu, j'ai appris à
ne rien faire, même si je n'avais ni le talent ni l'habitude pour
ça. Donc, tout cela pour dire que si je peux y arriver, vous le
pouvez aussi.

COMMENT NE RIEN FAIRE

Vous devez ajouter le mot-clé suivant à vos activités quotidiennes : vacances. La plupart d'entre nous utilisent ce mot dans
l'expression «partir en vacances», pour dire que nous allons
nous envoler vers une destination éloignée de chez nous afin
de nous adonner à des activités qui vont du jeu au casino en

passant par le ski nautique. Ce genre de vacances est agréable, pour ce qu'elles sont, mais elles ne peuvent se reproduire dans le quotidien ni modifier l'impression qu'il manque quelque chose dans votre vie. En fin de compte, ce que nous appelons « prendre des vacances » n'est rien d'autre qu'une activité différente à ajouter à la collection d'activités que nous inscrivons déjà à notre programme. Ce genre d'activité ne correspond pas du tout à la définition que je donne au terme « vacances », qui veut dire vaquer, évacuer, quitter, délaisser, abandonner l'environnement habituel. Pour vraiment rien faire, vous devez vous évacuer de votre propre vie. Dans cet ouvrage, *La joie au menu*, vous le ferez au moins une fois par jour.

Ne rien faire – Étape 1 : Afficher la pancarte OCCUPÉ

La voix de votre être véritable est si faible et inaudible que quasiment n'importe quelle distraction peut l'étouffer, surtout si vous commencez à peine à l'entendre. Il vous sera tout simplement impossible d'affiner votre sens de l'écoute si vous ne vous ménagez pas de bons moments à ne rien faire. Pour l'instant, prévoyez au moins quinze minutes par jour (ou vingt si c'est possible) pour ne rien faire. Chaque jour, à l'heure choisie, rendez-vous dans un lieu tranquille et confortable. Il peut s'agir de votre chambre, de votre voiture, de votre sentier préféré, de la salle de lecture de la bibliothèque. Ce peut être n'importe où en autant que vous savez que vous ne serez pas dérangé. Pendant ce court moment, vous ne devez être là pour *personne*. (En ce qui me concerne, je me sers d'une montre bon marché dotée d'un système d'alarme que je programme pour m'avertir que ma période de non-faire est terminée. Libre à vous d'utiliser ce qui vous convient.) Laissez savoir aux autres que vous allez être totalement pris, que vous ne pouvez parler à personne avant d'avoir fini votre moment de non-faire. Faites tout ce qu'il faut pour mettre en évidence la pancarte OCCUPÉ.

Bien des gens s'offusquent quand je leur suggère de faire ça. Notre culture devient de plus en plus obnubilée par le fait de *devoir* rester à tout prix connecté aux autres. Les publicités vantant les téléphones portables montrent des hommes d'affaires censément en vacances mais qui concluent des affaires près de lacs de montagne aux eaux limpides. Les nouvelles nous servent jusqu'à cinq messages simultanés sur l'écran (le présentateur, la capsule de la Bourse, les bulles statistiques, le bulletin météo et les légendes qui défilent). L'employé de bureau moyen reçoit environ 230 messages chaque jour par toutes sortes de médiums technologiques. Chaque nouveau moyen de rester en contact avec le monde draine vers nous des sollicitations qui sapent notre attention. Comment composer avec cette avalanche qui nous submerge? En inventant bien sûr encore de nouvelles façons de rester en contact avec le monde! Nous avons la croyance collective que nous pouvons résoudre ce problème en faisant appel à de nouveaux gadgets qui nous permettront de faire les choses plus rapidement et plus efficacement. C'est comme si vous essayiez de sortir d'un trou dans lequel vous êtes tombé en creusant. Nous sommes nombreux à avoir atteint le point d'épuisement de l'attention.

Et ce paysage m'est certainement familier. Les rares fois où je réponds à tous les messages que je reçois, je me retrouve voûtée au-dessus de mon ordinateur à marmonner et à me bercer comme *Rain Man* quand il ne pouvait pas avoir ses craquelins préférés. Le soulagement que je ressens lorsque j'envoie mon dernier courriel s'évanouit dès que j'ouvre de nouveau mon ordinateur et qu'il m'annonce «Bonjour! Vous avez cent six nouveaux messages!» Les neufs appels que j'ai reçus et les douze lettres qui sont arrivées pendant que j'étais en ligne n'améliorent pas les choses. À un moment donné, ma capacité à traiter toutes ces demandes imposées à mon attention se désintègre et je passe des journées entières à faire ce que le dessinateur Scott Adams appelle «la multi-dérobade», c'est-à-dire à traîner dans un fauteuil tout en me sentant coupable de toutes ces connexions que je n'arrive pas à maintenir.

Si c'est ce qui vous arrive, vous vous rendez probablement déjà non disponible à quiconque pendant au moins une demi-heure par jour, ou peut-être davantage. Votre être profond sait que vous avez beaucoup plus besoin de ne rien faire et, chaque fois que vous n'affichez pas consciemment la pancarte OCCUPÉ, il essaie de vous aider en sabotant votre capacité à vous concentrer, à communiquer et à connecter avec les autres. Alors, au lieu de gaspiller votre temps à ruminer dans la culpabilité, je vous suggère de ne rien faire, avec grande fierté et enthousiasme. Pendant ces précieuses quinze minutes, sachez qu'il est tout à fait sain de fermer votre porte, au sens figuré comme au sens propre, à tout le monde sauf à vous. Si les gens vous demandent où vous allez, dites-leur la vérité : vous avez un rendez-vous très important. Pas besoin de préciser que ce rendez-vous a lieu « nulle part » avec Celui que vous connaissez. Ces gens ne comprendraient peut-être pas que manquer ce rendez-vous aurait un effet bien plus nuisible sur votre vie que toute autre forme de déconnexion.

Ne rien faire – Étape 2 : Faites le vide dans votre corps

Une fois que vous avez mis la pancarte OCCUPÉ, vous serez paradoxalement libre de faire le vide, c'est-à-dire que vous pourrez laisser aller tout ce qui existe dans votre vie, à part la conscience de votre propre âme. Ce processus commence avec le corps. Techniquement parlant, vous ne pouvez pas forcer votre corps à ne rien faire totalement. Jusqu'au moment de votre mort, votre cœur continuera de battre, vos oreilles d'entendre, votre nez de sentir. Votre corps peut vous aider à faire le vide par des gestes physiques qui créent la quiétude intérieure plutôt que la distraction.

Il existe plusieurs façons de procéder. En ce moment, je me sers de méditations traditionnelles, c'est-à-dire que je reste assise et que je relaxe dans l'immobilité physique. Mais ce genre de méditation n'a pas toujours fonctionné pour moi et ce n'est peut-être pas ce qui vous convient. Si vous avez beaucoup souffert dans votre vie et que ces souffrances n'ont pas encore été résolues, il vous sera probablement insupportable de rester physiquement immobile. En effet, dès que votre corps s'immobilisera, vous sentirez les monstres du chagrin, de la colère ou de la peur non résolus venir vous assaillir. Cela peut déclencher une réaction de fuite ou de combat, susciter une décharge d'adrénaline qui vous laissera plein de colère, d'anxiété et d'agitation.

Le mouvement physique permet à votre corps de s'adapter à cette montée d'hormones. Alors, si la position assise vous est insupportable, je vous recommande d'occuper votre corps par des mouvements répétitifs pendant que vous ne faites rien. Adoptez un niveau d'activité qui vous permette de bouger de façon rythmique sans avoir à vous pousser, à haleter ou à vous concentrer sur le mouvement. La marche, la course à pied, la natation, le patin à roues alignées et la conduite automobile ont fonctionné pour moi à divers moments de ma vie. Pourquoi ne pas donner des coups de pied dans un sac de sable ou des coups de poing dans un *punching-ball* (chose que je recommande en particulier aux gens qui ont de la colère refoulée, même si je ne l'ai jamais fait moi-même). Si votre corps est fatigué, trouvez un endroit dans la nature où vous pouvez observer un mouvement naturel : un feu de bois, une rivière, un champ de blé ondulant sous le vent, des vagues qui se brisent sur la berge. Regarder et écouter le désordre apparent de l'univers est un des passe-temps favoris de l'âme. Quelle que soit l'action physique que vous adoptez, il importe que vous n'ayez pas à penser et que vous puissiez agir sans aucune attention consciente.

Ne rien faire – Étape 3 : Faites le vide dans votre esprit

Vous avez certainement déjà entendu l'expression : « Je pense, donc je suis. » Elle vient de René Descartes, un philosophe français qui a grandement aidé à façonner notre bon ami, le rationalisme occidental. La rumeur court que Descartes aurait connu une fin peu ordinaire. Lorsqu'une hôtesse lui demanda un jour s'il voulait du sucre dans son thé, il lui répondit : « Je ne pense pas » et disparut sur-le-champ. D'accord, d'accord, la blague est un peu tirée par les cheveux, mais par contre elle exprime très bien une des principales croyances de notre société, à savoir que penser, c'est exister et que notre pensée analytique constitue notre identité fondamentale. Il s'agit pourtant d'une illusion qui peut causer des souffrances incommensurables. Quand vous mettez la joie au menu et que vous appliquez vos recettes au quotidien, vous devez débusquer cette illusion, ne serait-ce que quelques minutes par jour.

Une fois que vous vous êtes ménagé du temps et que vous avez calmé votre corps (par l'immobilité ou l'action), tournez votre attention vers ce qui se passe dans votre esprit. Il y a certainement beaucoup d'activités là-haut. Le mental humain ressemble à un super ordinateur qui est possédé par l'âme d'un écureuil dément. Sans arrêt, il calcule, il anticipe, il se souvient, il fantasme, il s'inquiète, il engrange, sautant frénétiquement d'une pensée à une autre. Mon propre mental est si surexcité que, toute ma vie, les gens m'ont donné des conseils quant à la façon de le calmer. « Respire profondément », me disent-ils. « Écoute de la musique apaisante. Arrête de penser. » Bien sûr ! Pourquoi ne pas essayer aussi d'empêcher mes cheveux de pousser ! Même assise en train de respirer à fond sur la musique d'Enya jusqu'à ce que les vaches, les chèvres et les oiseaux migrateurs soient rentrés au bercail, mon mental n'en continuera pas moins d'expulser des pensées comme une distributrice de biscuits en folie.

Si vous êtes une de ces personnes éveillées qui peuvent simplement arrêter de penser pendant quinze minutes, alors allez-y ! Mais si vous avez un écureuil dans la tête, comme c'est mon cas, il y a une solution plus simple – en fait la seule solution –, c'est de tout simplement observer votre mental pendant qu'il s'adonne à ses activités, sans émettre de jugements sur les pensées ni essayer de contrôler le processus. Observer sans juger est un acte extrêmement puissant, qui vous permet de dissocier votre conscience de vos pensées. Un écrivain du nom de Sri Nisargadatta Maharaj l'a résumé ainsi :

> *Connais-toi comme étant le témoin non changeant du mental qui change. Le mental s'intéresse à ce qui change, alors que la conscience s'intéresse au mental. L'enfant court après le jouet et la mère surveille l'enfant, pas le jouet.*

Il existe de nombreuses techniques pour vous aider à vous détacher de l'enfant agité et dispersé qu'est votre mental et pour devenir la mère sans jugement qui considère son enfant avec une tolérante affection. Il se peut que vous connaissiez ou que vous pratiquiez certaines méditations traditionnelles, comme entre autres la concentration sur la respiration ou sur un mantra pour dégager le mental et doucement se dissocier des pensées distrayantes. Les méthodes que j'utilise sont souvent un peu différentes de celles-ci en ce sens qu'elles font appel à un peu plus d'activité verbale. Mais elles ont toutes en commun deux éléments très simples : l'observation et la verbalisation. Je vous en propose quelques-unes que vous pourrez utiliser si vous le désirez.

La bande du téléimprimeur

Une fois que vous avez fait le vide dans le corps, imaginez que vos pensées s'inscrivent sur la bande de téléimprimeur qui défile devant votre champ de vision, de gauche à droite (ou de droite à gauche si vos pensées sont en hébreu ou en arabe). Ne censurez pas ce que raconte votre mental, contentez-vous de lire. « J'ai mal à la tête. Je suis sûre que je dois avoir une tumeur au cerveau. Je vais mourir… et personne ne s'en souciera. Je devrais mettre mon testament à jour. » À chaque pensée qui passe devant vos yeux, décrivez-la silencieusement par un mot ou une expression courte : « Souffrance. Pensée. Peur. Inquiétude, etc. »

La chaise unique

Si la bande du téléimprimeur ne fonctionne pas pour vous, vous pourriez essayer cet exercice traditionnel que l'on appelle « la chaise unique ». Imaginez que vous êtes assis sur l'unique chaise se trouvant dans une pièce vide. Observez vos pensées défiler devant vous sous forme d'images, de mots et de sentiments. Rappelez-vous que, puisque vous avez pris l'unique chaise disponible, il n'y a pas d'autre endroit où ces produits de votre esprit pourront se déposer. Observez-les, nommez-les quand ils passent et laissez-les quitter la pièce.

La chute d'eau

Si votre mental est particulièrement turbulent, disons, dans une période passablement agitée où la vie vous effraie, imaginez-vous entrer dans une petite grotte cachée derrière une chute d'eau vrombissante. Tranquillement assis dans la fraîche bruine, observez le contenu de votre mental tomber bruyamment comme l'eau de la chute. Dès qu'une pensée ou une émotion devient claire, nommez-la. Si les choses vont trop vite pour que vous les nommiez, observez simplement que, peu importe la violence de la chute, vous êtes assis loin d'elles.

Le défilé

C'est agréable pendant les vacances d'assister à un défilé. En ce qui me concerne, j'assiste souvent à un défilé sans même ouvrir les yeux. N'importe quel jour, le défilé qui se déroule dans mon esprit comprend une grande diversité d'attractions intéressantes : des pensées logistiques pragmatiques qui passent lentement devant moi comme les membres d'une fanfare d'école qui défile, des pensées idiotes qui déboulent dans ma tête comme des clowns, des pensées nobles qui trottent allègrement comme les chevaux de trait de Budweiser et des pensées humbles qui suivent ces Clydesdales pour ramasser l'inévitable crottin qui tombe par terre. Je ne juge ni ne contrôle les éléments de mon défilé. Tout comme avec les autres techniques, je leur donne un nom et je les regarde passer.

Si vous pratiquez l'une ou l'autre de ces techniques chaque jour, vous deviendrez peu à peu conscient d'un calme sous-jacent qui est toujours là en vous, même lorsque vos pensées et vos émotions protestent bruyamment. En fait, vous remarquerez que vos humeurs et vos préoccupations ne sont plus à vos trousses mais se sont bel et bien dissipées. Même les jours où ne rien faire semble insipide et stupide, vous remarquerez que cela rend le reste de votre vie moins effrayant et plus maniable. Vous apprendrez graduellement aussi que vos pensées ne sont pas vous, que la pensée n'est pas le processus en fonction duquel vous reconnaissez les clés de votre existence, des choses comme la beauté, la vérité et l'amour. Ce rôle revient à Celui Qui Sait, au silence avisé qui sert de fondement à votre être véritable et qui est la source de votre véritable joie.

Ne rien faire – Étape 4 : Apprenez à revenir dans un lieu de paix

Alors que je commençais tout juste à apprendre à ne rien faire, j'ai eu la chance de passer quelques jours dans un endroit situé au large de la Thaïlande, appelé Amanpuri, terme sanscrit qui veut dire « Lieu de paix ». J'habitais dans une petite hutte qui se trouvait dans une plantation de cocotiers abandonnée. Les singes et les perroquets jacassaient au-dessus de ma tête et la mer allait et venait en contrebas. Je n'avais ni télévision, ni téléphone, ni accès à internet, ni visiteurs. Le premier jour, après six heures passées à ne rien faire, j'ai cru que j'allais perdre la tête. Je suis très heureuse de vous annoncer que c'est exactement ce qui s'est passé. Le troisième jour, mon mental s'était si doucement et complètement détaché de mon sentiment d'être que j'en commençais même à oublier exactement pourquoi je porte habituellement des vêtements.

Maintenant, quand je m'assois pour ne rien faire, cela m'aide beaucoup de repenser à Amanpuri. Je me remémore l'air calme et humide de la jungle, le mouvement des vagues, la sensation d'être à des milliers de kilomètres de tout. Et cela déclenche en moi une réaction que les psychologues appellent un « souvenir dépendant d'un état ». Lorsque vous revenez dans un endroit connu, vous vous rappelez avec une grande acuité les pensées et les émotions que vous avez connues la dernière fois où vous êtes allé dans ce lieu. En me remémorant mon lieu de paix, je peux rapidement retrouver le souvenir de la relaxation totale que j'ai connue dans cette petite hutte.

Je vous recommande vivement de trouver ou d'inventer votre Amanpuri à vous, un lieu mental de paix où vous pouvez aller rencontrer le Bien-aimé. Si vous avez des souvenirs de paix et de quiétude, remémorez-vous-les quand vous commencez votre méditation du rien-faire. Rappelez-vous exactement ce que vous avez ressenti au moment où vous vous teniez seul au sommet d'une montagne, quand vous jouiez au baseball dans de l'herbe haute jusqu'aux chevilles ou quand vous étiez absorbé par la musique. Si votre vie a été si terrible que vous ne pouvez vous rappeler un moment de paix, créez un lieu imaginaire qui vous donne un sentiment de sécurité. Je connais une femme battue qui maintenant trouve son lieu de paix dans une capsule spatiale imaginaire à des millions de kilomètres de la Terre, puisqu'elle considère la Terre comme étant un lieu très dangereux.

Quel que soit votre Amanpuri, allez-y seulement quand vous ne faites rien. Une fois que vous avez associé ce lieu au fait de vous détacher de votre mental, le processus sera de plus en plus rapide et agréable. Cela vous permettra aussi de prendre conscience que votre vie est sous-tendue par un constant courant d'amour, même au plus fort de la souffrance. Quand vous commencez, il se peut que vous ayez l'impression de courtiser le genre de torpeur qui transforme les gens paresseux en d'ignobles échecs. Mais, plus vous ne faites rien, plus vous constaterez qu'il y a toujours eu et qu'il y aura toujours une partie de vous qui pourra accomplir davantage dans la quiétude et la paix que dans l'action frénétique. Comme le dit le poète Antonio Machado :

> *Mon âme ne dort pas ! Mon âme ne dort pas !*
> *Elle ne dort pas, ni ne rêve. Les yeux grand ouverts,*
> *elle observe les choses au loin*
> *et écoute, écoute*
> *aux confins du silence.*
> *Elle écoute les rives du grand silence.*

Ce que notre âme entend lorsque nous nous abandonnons enfin au silence, c'est l'élément suivant qui figure au menu de la joie.

RECETTE NUMÉRO 1 : NE RIEN FAIRE
EXIGENCES QUOTIDIENNES MINIMALES

Au moins une fois par jour :

1. *Affichez la pancarte* OCCUPÉ. Ménagez-vous quinze minutes par jour lorsque vous n'êtes pas dérangé par quiconque pour quoi que ce soit.

2. *Faites le vide dans votre corps.*
   - Premier choix : Tranquillement assis, laissez votre corps se détendre.
   - Deuxième choix : Absorbez-vous dans une activité physique répétitive qui ne fasse pas appel au mental.
   - Troisième choix : Trouvez un lieu où vous pouvez observer un mouvement naturel (eau courante ou feu).

3. *Faites le vide dans votre esprit.* Détachez-vous de vos pensées en les observant. Visualisez-les sous forme de mots défilant sur une bande de téléimprimeur, un flot d'images et de sentiments circulant devant vous, une chute d'eau, un défilé ou toute autre enfilade de mots et d'objets.

4. *Apprenez à revenir dans un lieu de paix.* Remémorez-vous un souvenir très vif d'un lieu où vous vous êtes senti totalement à l'aise. Retournez-y mentalement chaque fois que vous ne faites rien.

La vérité

Manifestez au moins un moment de vérité
chaque jour et faites-le vôtre.

« Peu importe où vous allez, dit le vieil adage, vous êtes là. »
Cette expression semble énoncer quelque chose d'irré-
futable. Pas pour moi. La plupart des gens que j'aide, la plupart
des gens que je *connais*, ne passent pas beaucoup de temps à
l'endroit où ils se trouvent. Et moi non plus. Bien entendu,
il est vrai que depuis que je mets la joie au menu, je connais
chaque jour des moments, même des heures, où je me trouve
là où je suis, où je suis complètement présente dans l'espace et
le temps que j'occupe ici et maintenant. Mais je passe au moins
autant de temps à voyager dans ces lieux que l'on nomme : « *Et
si j'avais… J'aurais donc dû… Je me demande bien quand…* ou *Si
seulement…* » Autrement dit, mon esprit est souvent concentré
sur des circonstances qui existent seulement dans mes peurs,
mes espoirs et mes fantasmes, au point de me couper totalement de ce dont je fais l'expérience dans le moment.

Il n'y a rien de mal à la dissociation. En effet, c'est un mécanisme psychologique étonnamment utile, mécanisme que je
trouve rédempteur quand quelque chose d'insupportable m'arrive, une maladie ou une réunion de parents-éducateurs. Par
contre, on peut facilement rester pris dans un plan mental qui

ne donne pratiquement aucun accès à des expériences authentiques. Lorsque cela se produit, nous devenons étrangement incapables de voir, sentir, toucher, goûter et entendre vraiment la vie telle qu'elle nous arrive. Nos sens fonctionnent, mais notre cœur ne se sent pas relié à eux. Virginia Woolf a appelé ça « vivre derrière une vitre » et a trouvé cela si intolérable qu'elle a un jour rempli ses poches de cailloux et est allée faire sa dernière promenade dans la Tamise. Comme j'ai moi-même vécu derrière une vitre psychologique pendant plusieurs années, je la comprends. Mais j'aurais bien souhaité que Virginia Woolf ait su commettre un autre type de suicide pour arriver à revenir à une vie de joie et d'instantanéité : la mort de l'ego qui survient quand nous nous permettons de vivre en accord total et bienveillant avec ce que nous savons et sentons être la vérité.

Pour avoir été élevée dans l'Utah, un État qui a plus que son lot d'adeptes religieux, j'ai souvent entendu l'expression « la vérité te libérera ». Cette expression était habituellement suivie d'autres phrases qui contenaient des lettres majuscules du genre suivant : « Notre Église est la seule Véritable Église » ou « Nous connaissons le Plan de la Rédemption ». Comme j'étais une enfant complaisante et ambitieuse, je croyais toutes ces choses et attendais avec anticipation la libération spirituelle. Parfois, j'avais l'impression de sentir un vague remous intérieur, mais rien de suffisamment intense pour me convaincre qu'il ne s'agissait pas simplement d'indigestion. Ce ne fut que bien des années plus tard que j'ai réalisé que je m'étais accrochée à de fausses vérités, que dans mon humble cas, la libération de l'âme ne résultait pas d'énoncés théologiques, mais des simples vérités de l'expérience de la vie. Ç'est ça que j'aime. Ç'est ça dont j'ai besoin. Ç'est ça qui me met en colère. Ç'est ça qui se passe en ce moment.

La recette numéro 2 à mettre au menu de la joie consiste à se dire à soi-même ce genre de vérité au moins une fois par jour. Dans ce chapitre, je vais vous expliquer comment procéder. Tout d'abord, il vous faudra mener une toute petite campagne de recherche non subventionnée en vous posant un certain nombre de questions précises et en y répondant. Il s'agit de questions très simples. Je vous garantis que vous disposerez toujours de l'information dont vous avez besoin pour y répondre correctement (même s'il se peut que vous ne le sachiez pas). Ensuite, vous créerez une ambiance de compassion où les vérités que vous dites vous conduiront à des plans de plus en plus profonds de conscience. Cela peut se faire en deux ou trois minutes. Même si ça semble un moment très court, cela peut améliorer votre vie plus que vous ne le croyez.

POURQUOI NOUS ÉVITONS LA VÉRITÉ

Se dire la vérité est si simple et si libérateur que l'on pourrait penser que nous le faisons tous de façon constante. Le fait est cependant que la plupart des gens se disent la vérité seulement dans des domaines choisis et que nous sommes nombreux à nous mentir à nous et aux autres sur pratiquement tout ce dont nous faisons l'expérience. Pourquoi ? Parce que « vivre derrière une vitre », même si c'est vide et paralysant, c'est aussi sécurisant.

L'effet intérieur de la vérité

Ma cliente, Delilah, avait décidé de rompre avec le petit ami avec qui elle était en relation depuis dix ans et qui avait un comportement agressif. Elle oscillait entre la détermination à toute épreuve et la remise en question timide.

« Peut-être que je fais une grosse erreur, me dit-elle un jour. Et si je le laisse et que je suis malheureuse sans lui ? »

« Ça pourrait arriver, lui répondis-je. Mais, dis-moi, as-tu déjà été heureuse *avec* lui ? »

« Oui, dit Delilah honnêtement. Ça n'a pas toujours été mal. Il est arrivé bien des fois où je n'ai pas réalisé à quel point j'étais mal dans ma peau. »

Cette petite gratification, cette inconscience de la souffrance, nous arrive quand nous omettons de nous dire les vérités dérangeantes que nous connaissons déjà. C'est vraiment une excuse pathétique d'associer cela au bonheur, du moins jusqu'à ce que vous soyez celui ou celle qui regarde à travers le brouillard apaisant de la supercherie personnelle pour apercevoir la vérité terrifiante qui exige d'énormes changements.

Un vieux conte de fée raconte qu'un géant voulant devenir immortel met son cœur dans une boîte qui ressemble au concept des poupées russes, dans une boîte qui se trouve dans une boîte qui se trouve dans une autre boîte et ainsi de suite. Puis, il enterre le tout dans un trou profond loin de chez lui. Par la suite, peu importe ce que ses ennemis font, ils ne réussissent pas à le tuer parce que personne n'arrive jamais à s'approcher de son cœur à moins d'un kilomètre. Mais le piège, c'est qu'il paie son invulnérabilité au prix de sa capacité à aimer, sentir et apprécier. Le géant est certes vivant physiquement, mais mort émotionnellement. Quand le héros de l'histoire creuse et trouve les boîtes, qu'il les ouvre toutes et qu'il détruit le cœur du géant, c'est comme si c'était une délivrance.

Cette histoire est une métaphore qui montre la façon dont nous les humains soustrayons notre cœur aux souffrances. Sigmund Freud, qui à mon avis avait tort sur bien des choses, avait cependant raison sur celle-ci : nous, les êtres humains sommes capables de si bien enfouir des vérités désagréables, effrayantes et interdites dans notre inconscient que notre conscient ne sait littéralement plus ce que nous savons ni ne ressent ce que nous ressentons. Les psychologues appellent cela du déni. Bien que ce déni puisse prendre l'apparence de l'ignorance, c'est en réalité le contraire qui se passe. Ironiquement, les choses que nous refusons de savoir sont par définition les choses que nous savons déjà. C'est comme ça que nous savons ce que nous ne voulons pas savoir, vous savez ce que je veux dire ?

Puisque la cécité nous frappe en ce qui concerne les choses que nous ne voulons pas voir, les autres sont souvent bien plus rapides à y voir clairement, et ce, bien longtemps avant que nous soupçonnions nous-mêmes la vérité sur ce que nous savons et ressentons. J'ai appris à m'attendre de la part des clients qui débordent de colère qu'ils me disent qu'ils n'ont jamais ressenti de colère de leur vie. Ce sont les gens les plus expansifs qui sont souvent remplis d'un désespoir sans fond. J'ai eu cinq ou six clients qui m'ont raconté leur liaison cachée et qui ont ensuite sévèrement critiqué leur conjoint parce que ce dernier manquait d'ouverture et d'honnêteté. Cette étonnante capacité à ne pas voir ce qui est évident nous est nécessaire pour que nous puissions préserver notre image personnelle. Le déni est renforcé quand d'autres personnes sont impliquées.

L'effet extérieur de la vérité

Sans exception, le déni est un outil que nous sortons de notre coffre à outils quand la vérité menace de faire chavirer les divers bateaux sociaux dans lesquels nous naviguons. Les choses que nous nous cachons sont des réalités qui, si nous nous permettions d'en faire l'expérience, viendraient menacer notre statu quo, nous feraient entrer en conflit avec les systèmes dont nous dépendons et nous projetteraient dans l'inconnu. La vérité menace tout ce qui n'est pas authentique en nous : les habitudes, les relations, les finances, les croyances.

Je parle d'expérience. Le jour de l'An 1992, j'ai pris la résolution que je ne mentirais pas une seule fois pendant toute l'année. Quelques mois plus tard, alors que j'étais allée voir une thérapeute parce que ma vie était rendue en miettes, elle me dit que le problème venait du fait que j'étais fidèle à ma résolution du Nouvel An. Elle plaisantait, mais en fait elle avait raison. Cet engagement à ne pas mentir m'avait fait emprunter une trajectoire qui semblait m'éloigner de tout ce qui me définissait : mon travail, ma profession, ma religion, mon chez-moi et presque toutes les relations que j'avais établies avant l'âge de vingt ans.

Je vais vous donner un exemple des nombreuses façons dont j'ai testé ma résolution. À l'époque, je vivais dans l'Utah, j'élevais mes enfants et j'enseignais tout en préparant ma thèse. Étant donné que le sujet de ma thèse en sociologie portait sur les relations humaines, j'étudiais les interactions hommes-femmes dans la religion locale prédominante, que je ne nommerai pas ici (appuyez sur le bouton quand vous aurez la bonne réponse !). De temps en temps, des journalistes m'appelaient pour me demander de faire des commentaires sur le sujet. Le bon sens me disait de rester en dehors des eaux troubles de la politique, mais je croyais dur comme fer à l'affirmation d'Alexandre Soljenitsyne selon laquelle « il y a des moments où le silence est un mensonge ». Donc, j'étais en général disposée à dire aux journalistes qui me posaient des questions ce que j'avais appris en faisant de la recherche, entre autres le pourcentage de femmes qui étaient employées dans la ville ou le nombre de divorces dans l'État. Ailleurs, ce genre d'information aurait été considéré comme de simples statistiques. Mais dans ce coin plutôt reculé, il faisait l'effet d'une bombe. J'ai eu beaucoup de réactions plus ou moins subtiles, comme des lettres de haine et des appels de menace. Un jour, un chef religieux de la région est venu chez moi et m'a dit sans détour que je devais cesser de me prononcer de façon aussi « inappropriée ».

« Je vais vous dire quelle est ma position à ce sujet, lui ai-je répondu en pesant mes mots (cette année-là, je parlais plus lentement que d'habitude pour m'assurer que ce qui sortait de ma bouche était la vérité). Je respecte les gens à la tête de l'Église ici. À ce que je sache, il s'agit de très bons hommes. Mais si l'un d'eux me disait de faire quelque chose qui selon mon cœur était mal, je ne le ferais pas. »

Mal à l'aise, il soupira et répondit : « Bien, je comprends, mais si jamais vous le dites publiquement, nous devrons vous poursuivre. En passant, des choses terribles arrivent dans cette ville aux enfants dont les parents ne sont pas en bons termes avec l'Église. Nous ne pouvons pas contrôler ce qui arrive aux vôtres. »

Avec le recul, cette situation me semble bizarre et me donne la chair de poule. C'est comme si on avait comploté un assassinat contre moi (en fait, c'est exactement cette sensation que j'ai eue à l'époque). Mais vous voyez ce que je veux dire, n'est-ce pas ? Mon besoin de dire la vérité ne correspondait pas le moins du monde au système social en place. C'est ce qui m'a valu certaines confrontations curieuses, des désaccords désagréables et des nuits agitées. Mais le plus important, c'est que je perdais mes amies et mes connaissances car les gens coupaient toute relation avec moi.

Le bons sens me disait de mettre fin à cette histoire de vérité, de me la fermer et de continuer à mener ma petite vie tranquille comme je l'avais fait jusqu'à maintenant. Mais je ne l'ai pas fait, je n'aurais pas pu le faire, en raison de tout ce que j'aurais perdu. J'avais trouvé quelque chose qui importait davantage. « À quoi bon pour un homme de gagner le monde entier, s'il perd son âme ? » a dit Jésus. En 1992, et durant les années suivantes, j'ai réalisé que la vérité toute simple et toute petite de mes véritables pensées et expériences était la clé qui déverrouillait les portes du donjon dans lequel mon être réel était emprisonné. Essayer d'arrêter de formuler ces petites vérités, c'était comme essayer de renoncer à l'oxygène.

Même si cette période fut la plus souffrante de ma vie, j'ai peu à peu commencé à me sentir intensément vivante. Avant, je ne soupçonnais même pas qu'on puisse ressentir une telle joie. Et c'est avec fierté et douleur que j'ai observé des douzaines de clients faire le même plongeon, déterminés qu'ils étaient à dire la vérité, malgré tout, à livrer un secret après l'autre, à débusquer un mensonge après l'autre, jusqu'à ce qu'ils trouvent enfin leur cœur. Je leur recommande seulement d'y aller un pas à la fois. Par contre, l'effet est le même, que vous adoptiez la méthode plus abrupte, comme je l'ai fait, ou que vous adoptiez la méthode plus progressive, comme je le suggère. À mon avis, ce processus est toujours difficile, toujours douloureux, mais aussi, toujours valorisant.

COMMENT CRÉER VOTRE MOMENT QUOTIDIEN DE VÉRITÉ

Si vous ne faisiez rien d'autre que de chercher la vérité sur vous-même pour le restant de vos jours, vous ne seriez jamais à court de découvertes nouvelles. Chaque jour amène de nouvelles expériences qui vous changent et qui aident d'autres aspects de votre être véritable à s'exprimer. Il y a tellement de couches de perceptions et de pensées dans votre mental, tellement de connexions interactives qui se sont créées depuis votre plus tendre enfance, que la plus grande partie de vous-même sera toujours quelque chose de nouveau à découvrir. À mesure que vous racontez moins d'histoires et que vous gardez moins de secrets, vous découvrirez que l'énergie autrefois consacrée au déni peut s'épanouir de façon créative. Des idées fascinantes, des gestes compatissants et des aventures inédites voient le jour à partir de l'inépuisable source de votre personnalité unique durant ces moments de vérité. La méthode pour créer tout cela est très simple.

La vérité – Étape numéro 1 : Commencez par votre dose de ne rien faire

Si vous ne pouvez vous résoudre à adopter la recette numéro 1 (Ne rien faire), vous n'êtes pas prêt à passer à la recette numéro 2. Ce qui nous pousse le plus souvent à résister à ne rien faire, c'est que nous savons en notre for intérieur une vérité que notre mental conscient trouve trop menaçante. En réalité, il est assez difficile de tenir la conscience éloignée d'une telle connaissance. Pourquoi ? Parce que les vérités qui peuvent nous libérer ne sont pas inertes. Elles veulent être dites, être connues. Elles se pressent constamment vers notre conscience, surgissent dans nos rêves, s'immiscent dans nos doutes et se révèlent dans nos lapsus freudiens. Nous sommes obligés de faire un terrible effort pour les repousser et les ignorer. Nous utilisons toutes sortes de techniques : la tension musculaire, l'acharnement au travail, les dépendances, les obsessions et les comportements compulsifs de tous ordres.

Toutes ces techniques de répression sont l'œuvre du corps et du mental. Quand nous calmons les deux, rien ne s'oppose à la libération des vérités. C'est pour cette raison que l'immobilité nous rend souvent mal à l'aise, qu'elle nous agace ou qu'elle nous fait sentir confiné. Quinze minutes de relaxation ne peuvent pas en soi générer une aussi intense résistance. Si vous vous sentez devenir agacé à la pensée de ne rien faire pendant quinze minutes, si cette pensée à elle seule vous met en état d'alerte, qu'elle vous donne la nausée ou qu'elle vous répugne tout bonnement, c'est que vous vous cachez quelque chose. Comme un vieux «sage» l'a dit autrefois, la vérité est dure à prendre. Eh bien, c'est vrai. En attendant que vous puissiez rester dans la quiétude pendant quelques minutes, vous pouvez remplacer la recette numéro 2 par une question préliminaire. Chaque jour, posez-vous au moins une fois la question suivante :

QUESTION PRÉLIMINAIRE À LA RECETTE NUMÉRO 2

Pourquoi est-ce que j'évite l'immobilité du corps
et de l'esprit?

Vous n'avez pas besoin de sortir la liste des traumatismes d'enfance ou des blocages mentaux. Nous ne cherchons pas ici quelque chose de compliqué. Quelque chose d'aussi simple que «Parce que je n'aime pas ça» fera l'affaire, *en autant que c'est la vérité pure et simple.* Continuez de poser cette question et d'y répondre chaque jour jusqu'à ce que vous tolériez un quart d'heure entier à ne rien faire. Si vous êtes honnête, vous réaliserez que vous donnez des réponses légèrement différentes de jour en jour : «Parce que l'immobilité me rend anxieux», «Parce que ça m'emmerde», «Parce que c'est une perte de temps», «Parce que j'ai peur ». Quelle que soit la réponse, contentez-vous de l'accepter et votre moment de vérité sera celui-là.

N'importe quelle forme de vérité qui est dirigée vers le déni aura tendance à le dissoudre, tout comme un solvant a tendance à dissoudre la graisse. Si vous avez peur de savoir ce que vous savez et de ressentir ce que vous ressentez, le simple fait de reconnaître cette peur fait une brèche dans le déni. (Petit truc : vous pouvez aussi utiliser le solvant de la « reconnaissance » sur les vérités non exprimées qui ont tendance à s'accumuler autour des problèmes relationnels. Si vous avez peur de vous ouvrir à quelqu'un – disons, par exemple, si vous êtes amoureux de la personne ou que vous êtes en colère contre elle, mais que vous ne vous sentez pas assez assuré pour exprimer ces choses –, vous pouvez commencer à sortir de l'impasse en disant : « Il y a quelque chose dont je voudrais te parler, mais ça me fait vraiment peur. » Le simple fait de nommer la peur est toujours le meilleur premier pas à faire pour la dépasser.)

La vérité – Étape numéro 2 : Une fois que vous avez appris à ne rien faire, posez-vous ces questions chaque jour et répondez-y.

Une fois que vous avez réussi à composer avec l'immobilité du corps et de l'esprit, vous êtes prêt à passer à la séance de questions-réponses qui engendrera votre moment de vérité. Après avoir passé votre quinze minutes à ne rien faire, posez-vous la question suivante et répondez-y :

PREMIÈRE QUESTION QUOTIDIENNE POUR LA
RECETTE NUMÉRO 2

Qu'est-ce que je ressens ?

Laissez la réponse venir d'elle-même. Souvent les premières descriptions concerneront des sensations physiques du genre « Mon nez me démange », « J'ai chaud » ou « Je suis fatigué ». Parfois, la réponse finit là. Par contre, le plus souvent vos réponses arrivent par couches, pour exprimer différentes émotions qui montent vers le conscient comme les bulles montent vers la surface de l'eau. Laissez-les monter. Laissez votre véritable être raconter son histoire pendant que votre mental assure la narration. *N'expliquez pas les émotions et les sensations. Contentez-vous de les décrire.*

Quand je demande à de nouveaux clients ce qu'ils sentent, ils se lancent presqu'invariablement dans un discours sur quelque chose qui occupe leurs pensées. Surveillez cette tendance lorsque vous passez à la recette numéro 2. « Je sens que les Républicains sont en train de ruiner ce pays » n'est pas l'expression d'une sensation, plutôt une pensée affublée d'un langage propre aux émotions. La vérité vraie serait peut-être « J'ai peur et je suis en colère » ou « Mon père est un Républicain et je le déteste ».

Il est essentiel de ne pas censurer ni de juger les réalités propres à vos émotions. Un sentiment stupide ou mauvais, ça n'existe pas, même s'il nous arrive de faire des choses stupides ou mauvaises en réaction à nos émotions. Nous courons davantage le risque de mal réagir lorsque nous nions ou minimisons nos pulsions sombres que lorsque nous les acceptons honnêtement et totalement. Une thérapeute que je connais, qui a une âme pleine de compassion et qui ne ferait pas de mal à une mouche, admet ouvertement qu'elle a des pulsions d'homicide dès qu'elle médite. Elle m'a un jour donné ce poème du poète soufi, Rumi.

> *Cet être humain est une auberge*
> *qui accueille chaque jour un nouvel arrivant.*
>
> *Une joie, une tristesse, une méchanceté,*
> *une prise de conscience*
> *arrivent comme des hôtes inattendus.*

Accueillez-les tous et occupez-vous de tous !
Même s'il s'agit d'une foule de chagrins
qui entrent violemment dans votre demeure
et la vident de son contenu,
traitez chacun de ces hôtes honorablement.
Ils vous débarrasseront peut-être de quelque chose
pour que vous connaissiez un nouveau plaisir.

La pensée noire, la honte, la malice,
ouvrez-leur la porte en riant
et invitez-les à entrer.

Si vous prenez l'habitude d'ouvrir ainsi votre porte, vous découvrirez que les émotions que vous qualifiez de mauvaises sont justement celles que vous avez le plus besoin d'explorer. L'émotion qui est selon vous mauvaise au-delà de tout sera peut-être le seul maître à vous apprendre le véritable bien. Si vous persistez avec patience à demander, sans essayer de contrôler vos émotions, celles-ci vous conduiront vers l'être naturellement aimant qui est votre véritable nature. La colère fondra pour révéler la peur, qui cachera un besoin d'aimer et d'être aimé. La jalousie s'adoucira pour devenir tristesse, puis compassion. Contentez-vous d'observer. Puis, passez à la seconde question.

DEUXIÈME QUESTION QUOTIDIENNE POUR LA
RECETTE NUMÉRO 2

Qu'est-ce qui fait mal ?

Il se peut fort bien qu'il n'y ait rien qui vous fasse mal aujourd'hui, auquel cas la réponse honnête à donner est «Rien». Il se peut aussi que la réponse soit «Ma jambe» ou «Mon oreille droite», auquel cas vous devriez vous étirer un peu, prendre rendez-vous avec votre médecin pour vérifier ce qui ne va pas avec votre jambe ou votre oreille. À moins que vous ne soyez beaucoup plus éveillé que moi, votre souffrance ne s'en tiendra pas toujours à la douleur physique. Habituellement, il y aura quelque chose dans vos émotions, dans vos tripes, qui sera indisposé, incommodé ou simplement irrité. C'est très bien ! Ces inconforts intérieurs sont de merveilleuses occasions de trouver les vérités plus profondes qui concernent les habitudes du mental et vous occasionnent de la souffrance.

Si vous découvrez que vous souffrez émotionnellement d'une façon ou d'une autre – inquiétude, chagrin, colère, honte, haine, abattement –, ne vous y opposez pas. Restez tranquillement assis et laissez l'émotion grossir autant qu'elle le veut. Laissez-la remplir tout votre univers, si c'est ce qu'elle décide de faire. Laissez-lui vous raconter tous les détails terrifiants, enrageants ou dévastateurs de la situation qui l'a engendrée. Puis posez-vous la question suivante :

> **TROISIÈME QUESTION QUOTIDIENNE POUR LA RECETTE NUMÉRO 2**
>
> Quelle est l'histoire douloureuse que je me raconte ?

Il vous semblera tout d'abord que votre souffrance vient de nulle part. Mais en jouant un peu avec la question «Qu'est-ce qui fait mal ?» vous commencerez naturellement à associer votre souffrance à des souvenirs ou à des préoccupations concernant l'avenir. La douleur dans votre cœur fera remonter les souvenirs d'une vieille flamme. Votre colère se mettra à gronder quand vous verrez l'image de votre directeur s'immiscer dans votre esprit. Si vous prêtez bien attention, vous découvrirez que des croyances sont rattachées à ces images, axiomes si habituels et si bien rodés qu'ils vous donnent l'impression d'être des faits gravés dans le granit.

> *« Il ne m'a jamais vraiment aimée. Jamais personne ne m'a aimée. Je suis trop grosse, c'est le problème. Je suis trop grosse, trop grosse, trop grosse, trop grosse... »*

> *« C'est une sale petite bonne femme et elle va réussir à me faire congédier, comme elle a fait congédier Bob. Il n'y a rien que je puisse faire. Je dois la supporter... »*

> *« Je n'arriverai jamais à finir tout le travail que j'ai cette semaine. Ça va être horrible. Il va falloir que je travaille d'arrache-pied à un point tel que je ne pourrai pas dormir et que j'aurai des problèmes. »*

Et ainsi de suite.

Des thérapeutes appartenant à une branche de la psychologie appelée ACT (abréviation de *Acceptance and Commitment Theory*, qui peut se traduire par Théorie de l'acceptation et de l'engagement) ont inventé les termes « souffrance propre » et « souffrance sale » pour départager les souffrances qui proviennent d'événements réels de celles qui proviennent d'histoires que nous nous racontons au sujet de ces événements. La souffrance propre est celle qui survient quand nous subissons une perte ou une blessure, comme la mort d'un être cher ou le malaise physique qui accompagne toute maladie. La souffrance sale est celle qui survient en raison de ce que nous pensons au sujet de ces événements ou d'autres événements, et qui ne comporte peut-être aucune blessure du tout. Si vous êtes un être humain typique, vous remarquerez que la souffrance sale prend largement le pas sur la souffrance propre. Autrement dit, la majeure partie de votre souffrance ne vient pas de la réalité, mais des histoires que vous brodez autour de la réalité. Lorsque vous aurez identifié une de ces histoires, posez-vous la question suivante :

QUATRIÈME QUESTION QUOTIDIENNE POUR LA RECETTE NUMÉRO 2

Est-ce que je suis sûr que mon histoire douloureuse est vraie ?

Dostoïevski a écrit que la meilleure façon d'empêcher un prisonnier de s'évader est de ne jamais lui laisser savoir qu'il est en prison. Nous sommes nombreux à vivre ainsi, à ne même pas savoir à quel point nous sommes désespérément pris au piège des histoires que nous racontons pour donner un sens à notre expérience. Une fois que ces histoires sont en place, nous choisissons, modifions et déformons nos nouvelles expériences pour les faire cadrer avec nos attentes. Ce que nous pensons être la « vérité » est en fait une fiction délibérée et sophistiquée composée par notre propre mental. En réalisant que notre histoire est vraiment arbitraire, qu'il existe une infinité d'autres histoires qui peuvent être tout aussi précises, la porte de la prison de notre système de croyances s'ouvre et nous donne l'occasion de sortir de cette prison, si tel est notre choix.

Votre réponse initiale à la question « Est-ce que je suis sûr que mon histoire douloureuse est vraie ? » sera probablement un retentissant « Oui ! Bien sûr ! » C'est ainsi que s'exprime la voix de l'illusion. Laissez la question vous pénétrer davantage pendant que vous êtes assis et vous verrez que vos histoires sont impossibles à vérifier totalement. Pourquoi ? Parce qu'elles se fondent sur des perceptions subjectives. René Descartes, que nous avons rencontré dans le chapitre précédent, passa toute une nuit assis à se tourmenter sur le fait qu'il n'existait aucune façon pour lui de dire avec certitude qu'il n'était pas juste en train de rêver tout ce qu'il pensait être la réalité. Le philosophe chinois Chuang Tzu dit la même chose mais de façon plus poétique : « La nuit dernière, j'ai rêvé que j'étais un papillon et aujourd'hui je ne sais pas si j'étais un homme qui rêvait qu'il était un papillon ou si je suis maintenant un papillon qui rêve qu'il est un homme. » Cela revient à dire qu'il n'existe presque rien dont quiconque puisse être totalement sûr. En fait, je peux seulement penser à deux certitudes que nous pouvons tous avoir : le fait que nous existons et le fait que, peu importe nos croyances, nous pouvons avoir tort. À moins que j'aie tort.

Peu importe ! Reconnaître que nous ne connaissons ni ne pouvons connaître la vérité absolue s'avère une pensée qui n'est pas particulièrement réconfortante, mais qui est par contre incroyablement libératrice. Elle ouvre les cœurs fermés, les esprits fermés et les poings fermés bien plus vite que n'importe quelle autre prise de conscience. Elle nous permet d'apprendre des expériences en cours, ce qui a poussé Platon à écrire que nous commençons à devenir intelligent lorsque nous admettons notre propre ignorance. Dès que nous vivons avec la conscience totale de notre faillibilité, nous pouvons retrouver ce que les bouddhistes appellent « le mental qui ne sait pas », c'est-à-dire l'état mental vigilant et réceptif qui nous rend capable de perception authentique.

C'est à l'âge de quarante ans que l'enseignante et auteure Byron Katie a appris cela de façon radicale alors qu'elle mettait fin à plusieurs décennies de colère, de dépression et de haine d'elle-même en affrontant les histoires de son ego avec une enquête serrée sur la véracité de son expérience. Dans son livre merveilleusement écrit et intitulé *Loving What Is*, Byron Katie décrit comment elle a procédé, une nuit, alors que sa fille, aux prises avec des problèmes d'alcool et de drogues, n'était pas encore rentrée à la maison.

Les pensées qui me venaient à l'esprit ressemblaient à ce qui suit : « Elle prendra le volant et elle tuera quelqu'un... elle fracassera une autre voiture ou un lampadaire et elle se tuera, et tous ses passagers avec elle. » À mesure que les pensées se présentaient, j'accueillais chacune d'elles sans un mot, sans analyse. Et cette attitude me ramenait instantanément à la réalité. Ce qui était vrai, c'était la chose suivante : j'étais une femme assise sur une chaise qui attendait sa fille bien-aimée.

La méthode d'investigation de Byron Katie, que je vous recommande fortement, exige que vous cerniez vos problèmes douloureux, que vous examiniez les histoires que vous vous racontez à leur sujet et que vous remarquiez que ces histoires ont rarement quelque chose à voir avec la « souffrance propre » d'une véritable expérience. Rien que cela peut déjà soulager votre souffrance. Vous pouvez accentuer cet effet en posant la question suivante :

CINQUIÈME QUESTION QUOTIDIENNE POUR LA RECETTE NUMÉRO 2

Est-ce que mon histoire douloureuse
fonctionne vraiment ?

Ce que je veux dire par « Est-ce que mon histoire douloureuse fonctionne vraiment ? » c'est « Est-ce que mon histoire m'aide à me sentir en paix, en harmonie et apte à faire face aux difficultés, tout en changeant et en mûrissant ? » Ma propre croyance (que je ne peux bien entendu pas prouver) est que notre être essentiel est une machine à détecter la vérité qui se porte bien quand elle se nourrit de réalité et qui bat de l'aile quand elle se nourrit de malentendus. La plupart des gens supposent que nous nous sentons bien quand nous croyons à des pensées agréables et que nous nous sentons mal quand nous croyons à des pensées désagréables. Mais en m'observant moi-même, en observant mes proches et mes clients, je n'arrive pas à cette équation. Selon moi, la souffrance profondément ancrée, qui perdure et qui est intraitable, est toujours la preuve que nous croyons à quelque chose de faux.

Par exemple, ma cliente LeeAnn ne réussissait pas à passer par-dessus son divorce aussi longtemps qu'elle croyait à l'affirmation de son ex-mari qu'il ne l'avait jamais aimée. Un an après leur séparation, son ex l'appela pour lui dire qu'il avait entrepris une thérapie et qu'il voulait qu'elle sache que même si leurs différences étaient irréconciliables, il l'avait effectivement aimée très profondément. Soudainement, les sentiments de folie et de défiance de LeeAnn disparurent et la souffrance liée au divorce se mit à guérir de façon presque tangible. Par ailleurs, j'avais un client du nom de Clint, dont le père lui avait dit un jour qu'il l'avait toujours détesté et qu'il ne croyait pas qu'il était son enfant. Clint avait tout d'abord réagi par de la tristesse, puis par une sensation de paix et de profonde sérénité. Il avait toujours su à quoi s'en tenir sur les sentiments de son père à son égard, mais le fait d'avoir essayé de faire semblant d'avoir un père normal et aimant l'avait presque rendu dingue. La vérité, même difficile à entendre, est une chose avec laquelle notre être peut composer. Mais croire à des mensonges nous fait souffrir incommensurablement, nous pousse à remettre en question nos croyances jusqu'au moment où nous pouvons enfin nous libérer de nos fausses conceptions. La dernière question que vous avez besoin de vous poser pour que votre moment de vérité soit complet est la suivante :

SIXIÈME QUESTION QUOTIDIENNE POUR LA
RECETTE NUMÉRO 2

Puis-je trouver une autre histoire
qui fonctionne mieux ?

La méthode d'investigation de Byron Katie fait entrer en jeu un élément qu'elle appelle « l'inversion ». Il suffit de modifier votre histoire en disant le contraire absolu, ou en intervertissant le sujet et l'objet, pour vérifier si l'histoire qui en résulte semble aussi vraie ou encore plus vraie que l'histoire originale.

La première fois que j'ai procédé à l'exercice, j'étais frustrée parce que je venais juste de me blesser le genou et que je ne pouvais pas poursuivre un programme d'exercices que je venais d'entreprendre. La douleur dans mon genou était « propre », mais toute ma souffrance autour de cette blessure était « sale ». Elle provenait de ma frustration à être obligée de m'arrêter de faire de l'exercice, de ma croyance que cette blessure m'atrophierait instantanément et que je me mettrais à gonfler comme un gilet de sauvetage. Voici quelle était l'histoire élaborée par mon mental : « Je suis furieuse parce que je veux que mon genou guérisse pour pouvoir ensuite m'entraîner comme je suis censée le faire. » Quand j'ai inversé les choses, voici ce que j'ai obtenu : « Je suis furieuse parce que mon genou veut que je guérisse pour que je ne puisse pas m'entraîner comme je ne suis pas censée le faire. »

Lorsque j'ai relu cette phrase, j'ai éclaté de rire. Chaque cellule de mon corps entrait en résonnance avec cette nouvelle histoire. Tout à coup, j'ai remarqué plusieurs choses que je dissimulais derrière un mur de déni : le fait que j'étais fatiguée, que je savais que mon programme d'exercices était trop intense pour moi et que je me faisais mal en essayant de dépasser mes limites physiques. Cette prise de conscience n'a pas éliminé la douleur dans mon genou, mais toute la souffrance « sale » à son sujet a disparu. J'ai sincèrement ressenti de la gratitude envers ma blessure parce qu'elle m'a aidée à retrouver un sentiment d'équilibre et, par ricochet, à guérir plus rapidement physiquement même si je ne voyais plus d'urgence à ce sujet.

Inverser votre histoire peut avoir cet effet sur vous ou pas. Si vous trouvez une histoire associée à de la souffrance émotionnelle, essayez différentes permutations et explications jusqu'à ce que vous éprouviez le sentiment d'ouverture et de satisfaction qui vient quand on tombe sur une histoire plus vraie que celle utilisée pour se faire du mal. Cela nous ramène à la case départ avec la question première « Qu'est-ce que je ressens ? » Au bout du compte, cette question représente une mesure beaucoup plus précise de ce qui est réel et vrai que toute autre chose fabriquée par notre cerveau. Comme le dit le proverbe oriental « Le mental est un merveilleux serviteur, mais un terrible maître. » Laissez donc votre cœur prendre en main la séance de questions et réponses.

La vérité – Étape numéro 3 : Offrez de la compassion à votre menteur de vaurien intérieur

Que vous ayez à peine réussi à affronter la première question ou que vous soyez arrivé en un clin d'œil à une prise de conscience cruciale, vous devriez finir votre recette numéro 2 en vous servant une bonne portion de compassion. J'ai remarqué chez mes clients que les méditations classiques du genre « bienveillance aimante » fonctionnent très bien. C'est très simple. Respirez profondément. À chaque respiration, répétez en silence les trois phrases suivantes : « Que je sois heureux ! Que je sois bien. Que je sois libéré de toute souffrance. » Vous méritez certainement ces trois souhaits après avoir cherché la vérité, chose que bien des gens ne feraient pas même si vous les payiez une fortune et que vous les menaciez pardessus le marché. Continuez d'émettre de la compassion à votre égard pendant plusieurs respirations, et ce, à plusieurs reprises au cours de la journée.

C'est crucial, surtout lorsque vous avez découvert qu'une partie de vous est en profond déni, que vous ne pouvez tolérer ne serait-ce qu'un instant d'immobilité ou que vous êtes un accro de la drogue peu scrupuleux qui triche, vole et maltraite les petits animaux. La partie la plus basse et la plus sale de vous est la partie à qui vous devrez offrir votre compassion parce que cette partie représente en fait l'enfant blessé et terrifié. Cet enfant a adopté de mauvaises habitudes dans la malencontreuse tentative de faire du monde un endroit plus sécuritaire. L'amour et la compréhension créeront un climat où vous n'aurez plus besoin de prendre des mesures draconiennes ou immorales pour assurer votre sécurité et éliminer le besoin de perpétuer votre mauvais côté.

Remarquez que c'est très, très différent que d'absoudre les choses atroces que nous pouvons faire lorsque nous laissons notre enfant blessé régenter notre comportement. Ce n'est pas parce que vous avez peur ou que vous êtes triste que vous avez le droit de tempêter contre votre famille, d'engloutir quatre pizzas, d'arracher une oreille à votre adversaire de boxe, de mentir à votre patron ou de laisser vos démons intérieurs s'agiter d'autres façons malfaisantes. En fait, en reconnaissant la source de vos comportements, vous avez la responsabilité de prendre soin de vos côtés blessés et effrayés, sans heurter les autres. Le conseiller en carrière Richard Bolles recommande d'envisager les diverses possibilités qui s'offrent à vous avec un seul critère à l'esprit :

> **CRITÈRE POUR PASSER À L'ACTION POUR LA RECETTE NUMÉRO 2**
>
> De toutes les possibilités qui se présentent à moi, laquelle apporte le plus d'amour dans le monde ?

Si vous pensez que rien de ce que vous pouvez faire dans votre situation actuelle augmentera la quantité d'amour dans le monde, vous êtes en train de croire à un mensonge. Jusqu'à ce que vous en fassiez l'expérience, l'obscurité et la folie resteront présentes. À tout le moins, vous avez toujours la possibilité de vous offrir de la bienveillance et de la compréhension, qui à elles seules peuvent augmenter la quantité d'amour dans le monde. « Que vous soyez bien. Que vous soyez heureux. Que vous soyez libre de toute souffrance. »

Victor Frankl, un survivant des camps de concentration nazis, a dit ceci : « Il y a deux façons d'aller à la chambre à gaz : libre ou pas libre. » C'est la vérité qui nous confère cette liberté, la liberté de tester ce qu'on nous a appris, d'accepter ce que nous sentons dans notre cœur, de croire ce que nous savons dans nos os et de nous aimer (y compris dans nos pires aspects), jusqu'à ce que nous débusquions suffisamment nos illusions pour voir apparaître l'être que nous sommes réellement censé être. Rendus là, nous aurons démantelé le plus grand mensonge, la plus profonde négation de toutes : la négation de nos propres et inestimables puissance et valeur. Ainsi que Marianne Williamson le dit : « Notre plus grande peur n'est pas que nous ne sommes pas adéquats, c'est que nous sommes puissants au-delà de toute mesure. C'est notre lumière et non pas notre noirceur qui nous effraie. » Une fois que vous vous êtes éveillé à cette lumière, vous commencerez graduellement et presque involontairement à agir davantage selon vous, et non en fonction du désir d'attaquer la vérité d'autrui, simplement parce que vous ne pouvez pas « ne pas voir » ce que vous avez vu. Sans que vous ayez à forcer, à essayer ou même à espérer, la vérité vous libérera.

RECETTE NUMÉRO 2 : LA VÉRITÉ
EXIGENCES QUOTIDIENNES MINIMALES

Au moins une fois par jour :

1. *Commencez avec votre dose quotidienne de rien.* Si vous n'arrivez pas à composer avec le rien-faire, vous pouvez satisfaire vos exigences quotidiennes en posant la question suivante et en y répondant : « Pourquoi est-ce que j'évite l'immobilité ? »

2. *Posez-vous les questions suivantes et répondez-y.*
    – Qu'est-ce que je ressens ?
    – Qu'est-ce qui fait mal ?
    – Quelle est l'histoire douloureuse que je me raconte ?
    – Est-ce que je suis sûr que mon histoire douloureuse est vraie ?
    – Est-ce que mon histoire douloureuse fonctionne vraiment ?
    – Puis-je trouver une autre histoire qui fonctionne mieux ?

3. *Offrez de la compassion à votre menteur de vaurien intérieur.* Tout en inspirant et en expirant, émettez des souhaits d'amour aux parties de vous qui semblent en mériter le moins.

Le désir

*Chaque jour, cernez, précisez et explorez
au moins un de vos désirs les plus chers.*

L'une des choses les plus extraordinaires à propos du corps humain, c'est que les instructions d'assemblage, à partir des molécules de protéines que l'on peut retrouver n'importe où en soi, sont inscrites dans chacune des milliards de cellules de l'organisme. Elles sont codées avec précision dans l'élégante double hélice de l'ADN, qui est chargée de préserver l'identité physique pendant toute la vie, même si chacune des particules qui compose un être humain se renouvelle continuellement, vous faisant passer de manière spectaculaire de l'état de nouveau-né à celui d'adolescent, puis de vieillard. Même si les facteurs environnementaux peuvent modifier la structure du corps, l'identité physiologique de base fait partie intégrante de l'être fondamental, de façon permanente et indélébile.

Je suis de ceux qui croient qu'il en va de même avec la vie, ou, comme disent les romantiques, le destin. Je crois que nous naissons tous avec un ensemble de talents et de préférences, et plus que cela, avec une inexplicable connaissance intérieure des choses que nous sommes appelés à réaliser et à être, des changements que nous sommes appelés à faire dans le monde. Bien sûr, il n'y a aucun moyen de prouver scientifiquement ce que j'avance, mais je l'ai observé chez mes clients et ressenti moi-même si souvent, qu'il me semble plus logique d'y croire que de ne pas y croire.

Je ne sais pas dans quelle partie de nous-mêmes est conservé ce code conçu pour nous faire vivre la vie la plus juste – peut-être dans quelque repli du cerveau, peut-être dans l'espace symbolique du cœur, peut-être dans ce concept indéfinissable qu'on appelle l'âme – mais je sais toutefois comment le code parvient jusqu'à notre esprit conscient, nous permettant de faire des choix correspondant à notre mission de vie. Il passe par la sensation que nous nommons désir. Bien avant que votre destin ne se réalise, la connaissance à son sujet est accessible à votre conscience, sous la forme d'un message qui passe et repasse continuellement de votre cœur à votre cerveau, écrit dans la langue de l'aspiration. Cette recette à mettre au menu de la joie a été conçue pour vous permettre d'avoir accès à vos désirs profonds et pour pouvoir les interpréter, car vos désirs vous conduisent toujours sur le chemin de la vie qui est la plus juste pour vous.

LE DÉSIR BANNI

Pour la recette numéro 3, il faut que chaque jour vous puissiez cerner, préciser et explorer au moins une chose que vous désirez vraiment. Facile à faire, n'est-ce pas? Les oiseaux le font, les abeilles le font, même les puces savantes le font – et les puces idiotes aussi, tant qu'à y être. N'importe quel être capable de sensations sait à quel moment il veut manger, s'accoupler, courir, dormir ou se battre. Enfin, tous les êtres capables de sensations, sauf ceux faisant partie de la gent humaine. Nous sommes les seuls animaux de la création à faire disparaître systématiquement nos propres désirs.

La capacité de l'être humain, unique à lui, à réfléchir de manière abstraite et à formuler des hypothèses quant à son avenir, est probablement ce qui est la source du problème. À un moment donné dans notre vie – et d'habitude assez tôt – nous apprenons tous, à partir d'un mélange d'observation, de conseils et d'expériences douloureuses, que vouloir quelque chose est terriblement dangereux. Même quand nous sommes tout petits, nous voyons nos aînés se détacher de leurs désirs et nous suivons leur exemple. Quand nous n'obtenons pas tout ce que nous voulons, la douleur cuisante de la non-satisfaction nous conditionne à ne plus espérer. Si nous osons exprimer un rêve, nous avons droit à toute une litanie de raisons expliquant pourquoi il n'est pas possible ni souhaitable d'envisager ce rêve. Une fois à l'adolescence, bon nombre d'entre nous avons remplacé la conscience de nos propres désirs par des introspections du genre «Pourquoi ne devrais-je pas vouloir ce que je veux?» Les reproches cinglants nous hantent continuellement, comme les boucles sans fin des programmes informatiques, chaque fois que nous sentons un désir se manifester à notre conscience : «Je n'obtiendrai jamais ce que je veux, alors y penser ne fera que me frustrer», «Désirer, c'est mal, et je suis mauvais d'y penser», «Si je ne veux jamais rien, je ne serai jamais déçu», «Vouloir ce que je veux, c'est de l'égoïsme pur et simple».

Nous nous rabâchons ces affirmations parce que nous croyons que cela nous empêchera d'avoir mal – mal de subir les reproches d'autrui, mal de connaître l'échec, l'humiliation ou la perte. J'ai un ami qui appelle ce pessimisme qu'on s'impose à soi-même «la vaccination anti-déception». C'est une idée géniale, sauf qu'elle ne marche pas. Vous injecter vous-même le sérum de l'échec ne vous fait aucun bien. Cela ne fait que vous rendre plus malade et vous empêche de faire quoi que ce soit qui vous permettrait de réaliser vos rêves. Et si quelque chose de bon vous arrivait malgré tout, cela vous empêchera d'en profiter, ou même de l'apprécier.

Ironiquement, nous bannissons complètement de notre vie les désirs qui pourraient nous rendre heureux. Avez-vous déjà remarqué le nombre de livres et de films pour enfants où l'on voit une personne recueillir un animal sauvage pour ensuite le chasser et le remettre dans son milieu naturel pour qu'il vive une vie normale ? La scène cruciale semble toujours être celle où le héros ruisselant de larmes crie et gesticule en tentant de faire fuir et de dissuader à jamais la créature bien-aimée – chevreuil, ours, escargot ou que sais-je encore – de faire confiance aux êtres humains. À mon avis, la raison pour laquelle ce thème est si populaire dans la littérature pour la jeunesse, c'est qu'il est l'archétype même de la façon dont les humains apprennent à repousser leurs désirs. Pour pouvoir composer avec ce que nous croyons être la dure réalité de la vie, nous maîtrisons l'art de nous briser le cœur, puis nous endurcissons le reste, de la même manière que nous poserions un plâtre sur une cheville brisée. Plus nous aimons la chose que nous croyons ne pas pouvoir obtenir, plus nous la repoussons cruellement.

C'est ce qui explique pourquoi la majeure partie du temps que je passe avec mes clients n'est pas consacrée à les aider à obtenir ce qu'ils veulent. Ce n'est rien comparé à la tâche énorme qui consiste à les aider à *cerner* ce qu'ils veulent. Pour ce faire, il leur faut absolument réévaluer la croyance profondément ancrée en eux que vouloir quelque chose est un acte vain ou égoïste. En fait, les gens qui ne connaissent pas leurs désirs ou qui ne les respectent pas n'ont rien sur quoi s'appuyer pour faire preuve de générosité ou de compassion envers autrui. Je ne compte plus les heures passées à contempler le regard vide de personnes qui semblaient, extérieurement, avoir très bien réussi dans la vie, mais chez qui l'étincelle d'un véritable désir avait été soit étouffée, soit éteinte. Leur résistance à prendre conscience de leurs propres désirs – la chose même qui leur permet de concrétiser toutes sortes de projets – est devenue si totale qu'elle bloque l'accès à leur raison d'être, à l'enthousiasme, à la motivation et même à l'espérance. Pour l'avoir observé si souvent, je peux vous dire que refuser de ressentir un désir est la seule chose plus douloureuse que de ne pas obtenir ce que l'on veut, et qu'apprendre à ne pas aspirer à quoi que ce soit, mène assurément à la déception, au lieu de la prévenir.

LE DANGER DU MANQUE DE DÉSIR

Quand je propose aux gens d'explorer la question : « Qu'est-ce que je désire ? » beaucoup réagissent comme si je venais de leur offrir une dose de « crack ». Ils sont scandalisés, non pas parce qu'ils n'y avaient jamais pensé, mais parce que, grouillant sous la surface lisse de leur vie « sans désirs » se trouve l'épouvantable peur de ce qui pourrait arriver s'ils se laissaient aller à désirer ce qu'ils désirent. Le désir, affirment-ils, est une force obscure qu'ils doivent étouffer comme on étouffe les flammes de l'enfer s'ils ne veulent pas qu'elles les consument, eux et tout ce qu'ils aiment.

Cette peur agit surtout chez les gens très réprimés, entre autres les gens (comme moi) qui ont grandi dans un milieu très religieux. La plupart des religions occidentales ont édicté des règles strictes faisant la distinction entre les désirs moralement justes et ceux relevant du mal. Le seul fait de penser à une chose hors de l'acceptable est souvent considéré comme un péché – et ne parlons même pas ici de *vouloir* ces choses. Les adeptes des religions orientales n'aiment pas beaucoup non plus cette idée de désir, parce que selon eux l'attachement est à la source de la souffrance. Si l'on s'en tient à une interprétation simpliste de ces traditions, supprimez les désirs et le mal disparaîtra.

Cette équation entre désir et punition et douleur est compréhensible mais erronée. Elle ne rend pas justice au rôle-clé que joue le désir au sein de ces mêmes traditions qui, comme il nous arrive de le croire, nous disent d'y résister. Prenons l'exemple de cette fable bouddhiste dans laquelle un acolyte demande à son gourou comment atteindre l'éveil. Le maître répond en plongeant la tête du jeune homme sous l'eau pendant deux à trois minutes. Puis, lui tirant la tête hors de l'eau, il lui dit : « Le jour où tu voudras atteindre l'éveil avec la même intensité que tu as voulu respirer, tu l'atteindras. » Le poète musulman Kabir a écrit : « Lorsque nous invitons l'Hôte dans notre vie, c'est l'intensité de l'aspiration qui est à l'œuvre. »

Jésus semble parler du même genre d'aspiration quand il déclare : « Bénis soient ceux qui ont faim et soif de justice, car ils seront rassasiés. » Mourir d'envie de faire quelque chose, ressentir intensément l'aspiration, avoir faim et soif, sont autant de signes nous indiquant que notre moi authentique nous appelle vers notre destin. Éliminer ces sensations de notre champ de conscience, c'est perdre notre place dans l'univers.

« Oui, mais… », protestent certains de mes clients, « que faire si je veux faire quelque chose de mal ? Que faire si je veux tromper ma femme, tuer mon patron ou boire de l'alcool jusqu'à en mourir ? » J'ai deux réponses à cela.

Réponse numéro 1 : Les véritables désirs du cœur ne sont jamais destructeurs

Carl Jung a dit que la névrose est un substitut à la souffrance légitime. De la même façon, je crois qu'un désir destructeur ou « mauvais » remplace une aspiration constructive du moi. J'en suis venue à cette conclusion après des années passées à faire de la recherche sur les dépendances, à interviewer un nombre phénoménal de personnes vivant dans la dépendance, de la drogue au vol en passant par les relations sexuelles non protégées avec des inconnus. Un jour, pendant que je relisais mes notes, j'ai soudainement réalisé que chacune des personnes que j'avais interviewées se servait de sa dépendance comme substitut à une vie affective saine, et plus particulièrement à sa capacité à donner et à recevoir de l'amour. Même si ces personnes employaient des moyens extrêmement dysfonctionnels pour satisfaire leurs désirs, leurs vrais désirs étaient non seulement naturels, mais essentiels.

Pendant toutes les années où j'ai été coach de vie auprès de centaines de personnes de tous horizons, ma croyance au bienfondé fondamental de nos plus profonds désirs n'a pu que se renforcer. Tout comme les accros que j'ai interviewés, nombre de mes clients expriment des désirs qui semblent à première vue destructeurs, mais qui ne sont que des distorsions de désirs sains. Prenons le cas de Tim, par exemple, qui voulait à tout prix casser la gueule à un cousin qui l'avait maltraité pendant toute son enfance. Ce désir était si cru, si chargé de haine, que je me sentais très nerveuse à l'idée d'encourager Tim à l'explorer. Nous avons néanmoins poursuivi notre démarche pendant plusieurs séances, dignes d'un film d'horreur. Puis, juste au moment où je me demandais si je n'allais pas, comme ça, donner son nom à la police, le désir de Tim a pris une tournure inattendue. Du plus profond de sa colère surgit un autre désir encore plus profond : il voulait devenir psychologue pour enfants, pour pouvoir venir en aide aux enfants victimes de violence familiale et leur apprendre à s'en sortir. À partir du moment où il put cerner son but, celui-ci devint le moteur de tous ses comportements. Sa soif de vengeance s'assécha et tomba, comme une vieille gale. Pendant tout ce temps, sa rage sanguinaire n'avait été que le masque démoniaque que portait son profond désir de se guérir lui-même, de guérir sa famille et d'autres enfants terrifiés.

Réponse numéro 2 : Réprimer ses désirs profonds conduit à poser des gestes destructeurs

Si vous croyez que ne jamais laisser vos « mauvais » désirs remonter à la conscience vous empêchera de passer à l'acte, ou que cela les fera disparaître, détrompez-vous. On est beaucoup plus porté à manifester ses désirs destructeurs quand on refuse de les reconnaître que lorsqu'on les examine calmement et attentivement. Mes gentils voisins accros m'ont sans cesse enseigné que la meilleure manière de perpétuer une dépendance est de faire semblant de ne pas désirer l'objet de cette dépendance. La liberté commence quand on reconnaît qu'on est accro, qu'on désire obtenir à tout prix cette « mauvaise » chose. Si vous ne le faites pas, vous vous dirigez tout droit vers un comportement du style Dr Jekyll et M. Hyde : il y aura d'abord le déni, suivi d'une tension croissante, et finalement, à bout de ressources, viendra le passage à l'acte destructeur. «Vouloir une chose qui est mauvaise pour vous, c'est comme avoir un tigre en liberté sur sa propriété», m'a dit un jour un toxicomane. «Si vous essayez de maîtriser la situation en faisant semblant qu'il n'y a pas de tigre, en refusant de le regarder, un jour ou l'autre il vous sautera dessus. Pour vous assurer qu'il ne blesse jamais personne, vous devrez l'observer jusqu'à ce que vous sachiez ce qui le motive. C'est à ce moment-là que vous pourrez le maîtriser. »

J'ai pu constater que cela est vrai de tous les désirs illicites ou violents. C'est en reconnaissant et en formulant mieux ses désirs qu'on parvient à les gérer. En les niant ou en les évitant, on leur donne le pouvoir de supplanter nos meilleures intentions. La recette numéro 3 n'est donc pas une licence à satisfaire vos désirs illicites, mais une étape indispensable pour vivre une vie la plus moralement juste et éthique possible.

COMMENT VOULOIR CE QUE L'ON VEUT

Puisque nous avons tous pour la plupart appris à réprimer nos désirs, le comportement qui consiste à nous retenir, puis à nous laisser aller, puis à nous retenir un peu plus, aura des airs de déjà-vu. L'autre possibilité – examiner le moindre de vos désirs avec un esprit bienveillant et curieux – est une chose que vous n'avez peut-être jamais faite. Servez-vous des directives de la recette numéro 3 pour entreprendre cette activité passionnante. Vous verrez à quel point vos désirs peuvent être éclairants! Exercez-vous chaque jour pendant des semaines, des mois et des années, et vous finirez par suivre les directives qui vous permettront de bâtir le destin qui vous convient le mieux.

Cerner ses désirs – Étape 1 : Créer un contexte de quiétude

Vous avez remarqué que, dans le menu de la joie, il ne s'agit pas de vous précipiter pour mettre la main sur tout ce que vous voulez, tout de suite. Il s'agit d'*identifier*, de *préciser* et d'*explorer* vos plus chers désirs. À ce stade-ci, il est impératif que vous puissiez le faire dans un contexte de quiétude, du moins jusqu'à ce que vous soyez certain de bien ressentir et de reconnaître la vérité absolue. Commencez alors avec la recette numéro 3 en créant un contexte où vous ne faites rien, comme vous avez appris à le faire dans la recette numéro 1. Descendez dans cet espace de quiétude consciente lorsque vous êtes assis à votre bureau, au volant de votre voiture, en train de faire la vaisselle ou de promener votre chien. Mais, au lieu d'être simplement dans cet endroit paisible, essayez de sentir les désirs qui viennent dans votre cœur.

Vous pouvez vous aider en vous posant la question suivante, intérieurement ou à voix haute, ou bien par écrit : « Qu'est-ce que je désire le plus, à cet instant ? » Parfois, la réponse surgira instantanément. À d'autres moments, un désir se manifestera comme une vague envie de quelque chose d'encore imprécis. Restez dans la quiétude et portez votre attention sur cette impression, sans vous concentrer dessus. Votre cœur sera peut-être en train de vous parler d'un désir que vous avez peur de reconnaître ou de quelque chose dont vous ne connaissez même pas l'existence. Donnez-lui le temps de vous dire ce qu'il a à dire.

Par exemple, Alan, un gestionnaire qui détestait son travail, avait une idée si vague de ses rêves qu'il m'a fallu des semaines pour apprendre qu'il était passionné par les automobiles. Les murs de sa maison étaient couverts de photos d'automobiles, il était abonné à des magazines d'autos et il collectionnait les petites voitures Hot Wheels. En me racontant tout cela, Alan se hasarda à me dire que son rêve était peut-être de posséder une Porsche. Il fit quelques essais sur route au volant d'une Porsche, pour réaliser qu'en acheter une ne parviendrait pas à combler son désir. Il nourrissait un plus grand rêve, celui de s'entourer de toutes sortes de voitures de course. Alan fréquenta alors une piste de course près de chez lui, mais là non plus cela ne réussit pas à le satisfaire tout à fait. Il se rendit compte que ce qu'il voulait, c'était *toucher* les voitures. Quand il s'autorisa à le faire, il comprit en un éclair quelle était la nature de son véritable désir. Ce qu'il aimait des voitures, c'était qu'elles étaient faites de métal moulé. Alan était au fond de lui-même un sculpteur, animé d'un intense désir de faire naître des formes fascinantes, belles et fonctionnelles à partir de l'acier. À mon avis, il avait réprimé cette envie profonde parce que ce métier n'était pas assez « macho » pour être qualifié de travail d'Homme. La dernière fois que j'ai vu Alan, il avait lancé son entreprise de design, où il fabriquait des meubles à la fois magnifiques et originaux, tandis que dans ses temps libres, il s'adonnait à la sculpture, artistique cette fois, de pièces métalliques. Pour la première fois depuis des années, il avait l'impression d'être en vie.

Je passe beaucoup de temps avec mes clients pour les aider à vivre ce processus. Je les encourage à trouver une manière d'exprimer des désirs qui n'apparaissent pas encore sur l'écran radar de leurs attentes. J'ai vu, tout à leur stupéfaction, des médecins se rendre compte qu'ils voulaient être des artistes, des handicapés vouloir devenir des athlètes et de véritables mégères devenir sources inépuisables d'affection. Je suis ébahie de constater comment le simple fait d'attendre dans la quiétude qu'un désir se révèle conduit mes clients à obtenir exactement ce qu'ils souhaitent, même quand ils ne savent pas que ce qu'ils recherchent est l'émanation d'un espoir à peine nommé.

Cerner ses désirs – Étape 2 : Soyez honnête

Outre la quiétude, il est essentiel, pour pouvoir formuler ses désirs, de cultiver l'habitude d'être d'une honnêteté sans faille envers soi-même (chose que vous aurez appris à faire grâce à la recette numéro 2). Savoir reconnaître la sensation produite par une vérité profonde est une chose importante, car peu importe vos bonnes intentions, vous allez presque à coup sûr commencer à appliquer la recette numéro 3 en vous contant des salades. Pourquoi ? Parce que certaines des règles les plus strictes de votre monde intérieur sont celles qui vous disent que vous ne devriez pas vouloir ce que vous voulez. Au début, vous allez probablement accepter uniquement les désirs que vous croyez être réalisables, logiques et acceptables aux yeux de tous. Les désirs qui émergeront seront ceux de la parfaite candidate à un concours de beauté : paix dans le monde, compassion envers les êtres humains, aide aux sans-abri, bien-être des enfants, etc.

Il n'y a rien de mal à vouloir tout cela et ces désirs sont sans aucun doute bien réels. Mais à moins qu'ils ne suscitent en vous un état de passion profonde, vous devriez trouver quelque chose qui vous touche davantage sur le plan affectif, un désir sans équivoque, qui augmente vos pulsations cardiaques, qui vous serre littéralement les tripes. Nous avons tous des désirs que nous qualifions de viscéraux, égoïstes et inconvenants, mais ce sont justement ces désirs interdits que nous devons comprendre si nous voulons un jour surmonter les obstacles qui entravent la route de notre destin. Quand vous vous permettez de reconnaître consciemment ce que vraiment, *vraiment*, votre cœur désire, c'est comme vous exposer nu en public : vous aurez beau avoir un corps parfait, vous aurez quand même l'impression d'être vulnérable. Et si vous avez quoi que ce soit à cacher, ce geste exigera de vous une audace frôlant la démence. Quand vous commencez à mettre la recette numéro 3 en pratique, il se peut que la colère, la gourmandise, la cupidité et tous les autres péchés capitaux sortent des diverses fissures de votre cerveau en bavant et grognant. Laissez-les faire. Observez-les. Nommez-les. Dites la vérité sans fléchir, et, pour l'instant, ne faites rien d'autre.

Cerner ses désirs – Étape 3 : Ramassez n'importe quel caillou

Le désir qui guide notre destin arrive rarement dans notre cœur en un bloc monolithique. La plupart du temps, quand on

scrute ses désirs, ils forment de longues files vaguement connec-
tées les unes aux autres, un peu comme les cailloux blancs que
Hansel et Gretel semaient derrière eux pour retrouver leur chemin dans la forêt obscure. Le désir d'une chose bien précise
conduit à une autre, puis à une autre et une autre encore. Jusqu'à
ce que, un jour, de manière assez inattendue, vous réalisiez que
vous êtes sorti du bois et êtes entré dans une vie que vous
aimez. N'importe quel petit désir, pour autant que vous le ressentiez comme vrai, vous mettra sur la voie de votre destin.

Par exemple, j'ai demandé récemment à une cliente, Amanda,
de nommer quelque chose qu'elle désirait – n'importe quoi.
Avec un rire embarrassé, elle m'a avoué qu'une seule chose lui
venait à l'esprit, que son mari change de coupe de cheveux.
Amanda trouvait ce désir superficiel et ridicule, mais après être
restée assise en silence à observer son désir assez longtemps
pour le voir évoluer, elle comprit qu'il n'avait pas grand-chose
à voir avec la coupe de cheveux de son mari. Comme elle était
en train de changer de façon de vivre, qu'elle laissait éclore son
côté artistique et bohème, la coupe de cheveux était la façon
dont son être véritable lui disait qu'elle espérait que son mari
puisse lui aussi retrouver l'aspect « un peu fou » de sa personnalité. Ce désir « banal » a permis à Amanda de formuler tout un
ensemble d'idées et d'émotions sur ce que sa vie et son mariage
étaient appelés à devenir. La même chose peut arriver quand
vous formulez le désir d'avoir des bâtons de golf neufs, de faire
une promenade dans un parc ou de manger une vraie bonne
soupe à l'oignon. Si votre désir semble étrange ou banal, ne
vous en faites pas. Contentez-vous de savoir si c'est ce que
vous voulez vraiment.

Si jamais il vous arrive de tomber sur plusieurs cailloux à
la fois – en d'autres termes, si votre psyché vous révèle plusieurs désirs à la fois –, ramassez celui que vous désirez le plus.
Soupesez chacun d'eux dans votre esprit. Lequel vient vous
chercher au plus profond de votre être ? Lequel semble sou-
lever le plus de passion ? C'est la piste que vous devriez suivre.
Vous constaterez peut-être qu'un désir vous interpelle sans

cesse chaque fois que vous faites cet exercice ou bien peut-être vous aurez tant de désirs que vous en choisirez un nouveau chaque jour. Pas de problème ! Explorez simplement le désir le plus fort du jour, puis laissez-le aller. S'il ressurgit à nouveau le lendemain, travaillez-le encore. Si quelque chose de nouveau se présente chaque jour, suivez simplement chaque bribe de désir jusqu'à sa source. Il n'est pas nécessaire de réaliser chacun des désirs avant de passer au suivant. Vous pouvez mettre de côté un désir pendant des années (pour faire place à un désir plus immédiat) sans anéantir vos chances de le voir se réaliser plus tard. Suivez le fil conducteur de l'amour, chaque jour.

Cerner ses désirs – Étape 4 : Explorez vos désirs jusqu'à ce que vous trouviez votre véritable désir

Tout comme Amanda ou Tim (l'homme qui voulait battre son cousin à coups de poing), il se peut que vous ayez au départ des envies qui ne sont pas des éléments-clés pour l'avenir, mais plutôt des pistes destinées à vous conduire vers un désir plus profond et plus authentique. C'est pourquoi, quelle que soit votre réponse à la question « Qu'est-ce que je désire ? », il serait bon que vous consacriez un peu de temps à vous familiariser avec la délicieuse douleur du désir. Laissez-la grandir jusqu'à ce que vous la ressentiez intensément, puis faites-en le tour, comme un chiot curieux sur un terrain inconnu. Explorez le désir sans porter de jugement et sans inhibition. Comment le ressentez-vous vraiment, ce désir ? Quelle forme a-t-il, quelle texture ? Quels sont ses points forts et ses point faibles, ses limites, ses balises ? Si, par exemple, vous répondez spontanément « Je veux être célèbre » à la question « Qu'est-ce que je désire ? », ne reculez pas. Au contraire, tentez d'en savoir plus. Qu'aimez-vous dans le fait d'être célèbre ? Est-ce le fait d'être reconnu dans la rue ? De rencontrer d'autres gens célèbres ? De prouver à vos parents que vous êtes vraiment important ? Seriez-vous plus heureux si vous étiez un artiste, un homme politique, un athlète, une célébrité mondaine ou un magnat de la finance ? Quelle sorte de gratification la réalisation de votre vœu vous apporterait-elle exactement ?

À mesure que vous explorerez votre désir, vous verrez que celui-ci prendra du volume, perdra du volume, évoluera, se promènera ici et là avant de prendre sa forme définitive. Peu à peu, vous vous sentirez réagir plus intensément aux aspects de votre objectif qui correspondent le plus à votre désir le plus cher et vous mettrez de côté les aspects qui ne concordent pas avec votre destin. Voilà ce qui se passe quand un vrai désir commence à se distinguer de quelque chose de moins authentique. Habituez-vous à ressentir cela. Vous vous épargnerez beaucoup de souffrance à vivre cette expérience mentalement plutôt que de l'actualiser dans la vie concrète.

Chez la plupart des gens, l'inconfort ressenti par rapport aux désirs provoque en général une certaine confusion quant à la manière de distinguer un vrai désir d'une pulsion malsaine. Un alcoolique dont le vrai désir est d'aimer et d'être aimé, par exemple, ressentira d'abord son désir comme « Je veux boire », même s'il est prouvé que les effets de l'alcool sont dévastateurs. Il faut être centré, s'être pratiqué beaucoup et parfois avoir vécu l'expérience pour savoir reconnaître un vrai désir d'un faux désir. Mais continuez à étudier vos sensations, et vous verrez que le processus deviendra aussi facile que de faire la différence entre le sel et le sucre. Même si au premier coup d'œil, les deux se ressemblent, les vrais désirs et les faux désirs ont un « goût » complètement différent. Un faux désir a le goût de la peur, un vrai désir a toujours le goût de l'amour. Il émane des émotions qui sous-tendent vos désirs, de la logique que vous employez pour les défendre, des buts que vous poursuivez pour les réaliser et des résultats qui en découlent, un parfum bien particulier permettant de distinguer ces deux catégories d'émotions. Si vous n'êtes pas certain d'avoir enfin trouvé la véritable clé qui vous ouvrira les portes de votre mission de vie, pensez à un désir et voyez, dans le tableau qui suit, s'il correspond davantage aux énoncés de la première colonne ou à ceux de la deuxième colonne.

	FAUX DÉSIRS	VRAIS DÉSIRS
Sentiments ressentis :	Anxiété	Joie
	Cupidité	Lâcher-prise
	Retenue	Générosité
Raisonnement logique :	La réussite de l'un signifie l'échec d'un autre.	Tout le monde peut réussir.
	Les bonnes choses sont rares.	Les bonnes choses abondent.
	Dans la vie, il faut se battre.	Dans la vie, il faut coopérer.
Buts :	Impressionner les autres	S'exprimer
	Éliminer les risques	Éliminer les regrets
	Se contrôler soi-même et contrôler les autres	Se libérer soi-même et libérer les autres
Moyens employés :	Duperie	Honnêteté
	Cachotterie	Ouverture
	Exigence à se conformer	Invitation à manifester son unicité
Résultats après coup :	Sensation de vide	Sensation de satisfaction
	Obsession restrictive	Intérêts diversifiés
	Désespoir plus prononcé	Plus grande paix intérieure

Cela dit, il n'y a rien de mal à entretenir de faux désirs. Simplement, leur réalisation ne vous rendra pas heureux. À long terme, ils vous rendront en fait plus malheureux. Si vous comblez sans cesse un faux désir sans tenir compte des désagréables sensations qui l'accompagnent, vous vous éloignerez de votre mission de vie et vous tomberez dans la pire forme de désespoir. Mais, comme tel, le faux désir n'a rien de mauvais. Il n'est que la brebis égarée d'un vrai désir. Si vous savez le reconnaître et que vous l'observez avec patience et compassion (sans forcément y céder), il vous mènera sur le chemin de votre destin aussi sûrement que n'importe quel désir authentique.

Cerner ses désirs – Étape 5 : Laissez le désir se transformer en intention

Si vous prenez l'habitude d'appliquer la recette numéro 3 – en d'autres termes, si vous passez du temps chaque jour à observer vos désirs avec bienveillance –, vous allez tôt ou tard vivre quelque chose de presque magique, c'est-à-dire l'instant où votre esprit, guidé par votre aspiration, accepte de passer à l'étape suivante pour avoir la vie la plus juste possible. C'est le moment où le désir cesse d'être simplement une histoire de ce qui pourrait arriver et devient le programme de ce qui arrivera. C'est le moment où le « je voudrais » se transforme en « je vais ».

Il est difficile de décrire cette sensation si on ne l'a jamais vécue. Dans mon cas, c'est parfois presque une image mentale, comme si l'objectif d'un appareil photo se focalisait. Bien des gens ressentent une sorte de choc énergétique qui les grise, accompagné de juste assez de crainte pour faire accélérer les battements du cœur et aiguiser les sens. C'est le genre de sensation que vous ressentez au moment où vous vous rendez compte que vous tombez amoureux, ou quand votre horrible patron commence à vous harceler et que vous réalisez que vous êtes sur le point de donner votre démission, ou encore quand le vague rêve de partir en voyage à l'étranger se transforme soudain en l'achat imminent d'un billet d'avion. C'est la réalisation que non seulement vous désirez une chose à laquelle vous ne vous attendiez pas vraiment, mais que vous êtes sur le point de mettre toute votre énergie et votre volonté pour la concrétiser.

Tout comme une mère sent son fœtus bouger sans qu'elle fasse quoi que ce soit, le désir devient intention sans que nous le voulions. Nos désirs ont une vie propre et ce qu'ils cherchent à accomplir n'est pas totalement révélé à notre esprit conscient. Tout ce que nous pouvons faire, c'est attendre, en admirant et en chérissant cette présence en nous qui annonce la naissance prochaine de quelque chose de nouveau et de merveilleux.

Cerner ses désirs – Étape 6 : Sortez des sentiers battus

Une fois que votre esprit s'est engagé à réaliser le désir qui habite votre cœur, il aura tendance à vouloir jouer son petit jeu subversif et prévisible. Il se mettra à chercher les sentiers les plus connus, ou mieux encore, les autoroutes les plus fréquentées, qui vous conduiront à vos rêves sans avoir à faire quoi que ce soit d'inhabituel ou de difficile. Par exemple, si vous avez trouvé en vous un désir brûlant d'écrire un roman, il est possible que votre esprit décide tout de suite qu'il vous faut absolument quitter votre emploi et partir vivre dans une mansarde à Paris. Ou encore, reconnaissant votre terrible solitude, votre esprit pourrait conclure que vous devriez épouser la personne que vous fréquentez, même si la relation ne vous satisfait pas. Si votre désir est d'avoir beaucoup d'argent, vous allez peut-être interpréter qu'il vous faut occuper un emploi que vous détestez au sein d'une industrie « sûre », le choix des gens raisonnables qui veulent avoir de gros salaires.

Votre travail consiste à bien vérifier si chacune des conclusions et des suggestions émises par votre esprit est authentique, en tâchant de savoir si oui ou non, tout comme le désir de départ, elle provoque ces « mouvements de fœtus » au plus profond de vous-même. Si ce n'est pas le cas, vous êtes probablement en train de faire ce que vous croyez être nécessaire pour obtenir ce que vous voulez – et cela n'est pas du tout la même chose que de suivre le sentier du désir. Vous laisser guider vers un désir cher à votre cœur, puis vers un autre, pourrait effectivement vous mener tout droit sur la route que vous avez toujours su vouloir emprunter, mais cela pourrait aussi vous amener dans un territoire que personne – et vous encore bien moins – n'aurait imaginé vous voir fouler. Suivez votre désir, peu importe la direction où vous allez. Aucune voie, même la plus admirablement élaborée, ou la plus recommandée, ne pourra vous conduire au bercail si ce n'est pas le chemin que votre âme a choisi.

Cerner ses désirs – Étape 7 : Posez-vous la question « Et ensuite ? »

Votre esprit essaiera aussi de reléguer votre désir dans la catégorie des « tout est bien qui finit bien », comme ces grandes victoires ou réalisations que l'on voit à la fin des comédies romantiques ou des films d'aventure. Vous vous imaginerez atteindre un état de paix intérieure et vivre à jamais dans un pur contentement après avoir obtenu ce diplôme de Harvard, ou mis au monde un bébé, ou perdu le poids que vous vouliez perdre, ou que sais-je encore. J'utilise ces exemples parce que chacun d'eux a été, à un moment ou à un autre de ma vie, un rêve que j'ai caressé avec ferveur. Quand j'ai fini par réaliser ces rêves, je me suis retrouvée complètement déconfite en découvrant qu'ils n'avaient pas changé ma vie comme je m'y étais attendue. En fait, ma routine n'avait pratiquement pas changé. Le lendemain de l'obtention de mon diplôme de baccalauréat à Harvard, j'ai entrepris des démarches pour faire des études supérieures. Le lendemain de la naissance de mon bébé, je me suis retrouvée devant les mêmes vieux problèmes, avec de surcroît un milliard de nouvelles responsabilités. Le jour où j'ai atteint le poids que je m'étais fixé, il m'a fallu quand même continuer à bien manger et à faire de l'exercice.

Il arrive parfois que les événements qui, selon nous, vont nous apporter le bonheur à jamais, soient en réalité ceux qui finissent par nous empoisonner la vie. Acquiescez aux demandes d'une personne que vous n'aimez pas et elle reviendra vers vous plus souvent, avec des attentes encore plus grandes. Donnez-vous corps et âme à un travail que vous détestez, et vous finirez par obtenir une promotion, pour que vous puissiez faire encore plus ce que vous détestez déjà. Vous serez sur le mauvais sentier, en route vers la mauvaise destination.

Pour éviter cela, il faut soumettre vos images de contes de fées à la question suivante : « Et ensuite ? » Mes clients savent à quel point je peux les harceler avec cette question.

« Je veux gagner à la loterie », me dit un client (ils disent tous cela un jour ou l'autre).

« Bon. Parfait, dis-je. Et ensuite ? »

« Ensuite, je quitterais mon emploi et j'irais vivre en Floride. »

« Et ensuite ? »

« J'irais simplement m'allonger sur la plage au soleil. »

« Et ensuite ? »

« Ensuite, je resterais là, allongé sur la plage. »

« Et ensuite ? »

Bien des gens ne refuseraient pas de vivre au bord de la mer pendant quelques semaines. Mais je n'ai jamais rencontré personne littéralement transporté par l'idée de s'asseoir au soleil *ad vitam aeternam*. Les gens épuisés et désillusionnés ont besoin de se reposer, mais ils savent aussi qu'ils sont ici pour *accomplir* quelque chose, pour utiliser leur énergie et leur intelligence afin de réaliser des choses, pour entrer en contact avec les autres et, d'une manière ou d'une autre, pour rendre ce monde meilleur.

Vous reconnaîtrez la justesse des activités qui doivent vous mener sur votre chemin quand la réponse à la question « Et ensuite ? » vous procurera un sentiment tout aussi doux – et même plus doux encore – que lorsque vous rêvez au but ultime. L'excitation ressentie à l'idée de consommer une relation amoureuse ne sera qu'un avant-goût de la joie que vous ressentirez à vous lever chaque matin, à vous brosser les dents, à nourrir le chat et à manger vos céréales en compagnie de l'être aimé. La montée d'adrénaline que vous ressentez à l'idée de jouer en concert ne vous procurera pas plus d'excitation que l'idée de passer de nombreuses heures à répéter vos morceaux de musique. L'enthousiasme que vous aurez à bâtir votre équipe ne sera qu'un préambule comparativement à la joie quotidienne que vous aurez à vous entraîner, à disputer un match et à vous sentir happé par le sentiment exaltant de l'action disciplinée. Si votre désir réussit le test du « Et ensuite ? », vous pouvez être sûr que votre esprit et votre cœur agissent de concert.

CROYEZ-Y

Une fois que vous aurez identifié, reconnu et exploré un vrai désir, vous en aurez terminé pour la journée avec la recette numéro 3. Sans avoir à faire le moindre effort conscient, vous constaterez que votre désir se présentera automatiquement à votre esprit. Ce désir s'infiltrera entre les coups de téléphone au travail, se glissera dans vos pensées pendant que vous tondrez la pelouse, émergera dans les paroles d'une chanson entendue à la radio. C'est comme si l'animal sauvage que vous aimiez mais que, par devoir, vous avez chassé, revenait sans cesse au bercail et se faufilait sous toutes les portes et les fenêtres de votre vie. Vous pouvez passer le reste de vos jours à le renvoyer de force, ou bien vous pouvez écouter ce que votre cœur vous dit depuis toujours : l'amour véritable – quel qu'il soit et qu'il soit peu pratique, improbable ou inopportun – n'est pas seulement une des choses autour desquelles vous devez construire votre vie… c'est la seule chose.

Croire cela, après avoir passé sa vie sur les bancs de l'école des expériences douloureuses comme nous l'avons tous fait, c'est comme si l'un de nos membres dégelait après avoir été au congélateur. Il fait mal à hurler, ce désir engourdi qui revient à la vie. Il fait de vous une personne entière à nouveau. Il vous fait vous retrouver jeune enfant, rempli de tout l'espoir, l'enthousiasme, l'émerveillement et la vulnérabilité que vous aviez cru avoir perdus. La recette numéro 3 vous sensibilise dans tous les sens du terme : elle vous expose à une grande douleur, mais aussi à un grand bonheur. En vivant avec cette sensibilité pendant un moment, vous vous apercevrez que vous ne pouvez faire autrement que de changer. Vous allez inévitablement vous diriger vers une toute nouvelle vie, sans parler de la prochaine recette au menu de la joie.

RECETTE NUMÉRO 3 : LE DÉSIR
EXIGENCES QUOTIDIENNES MINIMALES

1. *Créez un contexte de quiétude.* Si vous n'arrivez pas à tranquilliser votre monde intérieur, appliquez la recette numéro 1 jusqu'à ce que les choses viennent naturellement.

2. *Soyez honnête.* Même chose que pour la recette numéro 2.

3. *Ramassez n'importe quel caillou.* Saisissez le premier désir sincère qui vous vient à l'esprit, peu importe qu'il vous semble banal ou grandiose.

4. *Explorez vos désirs jusqu'à ce que vous trouviez votre véritable désir.* Si le désir que vous avez choisi ne s'accompagne pas d'un sentiment d'ouverture et de paix, et qu'il ne vous porte pas à diversifier vos intérêts, c'est qu'il ne s'agit pas de votre désir profond. Suivez la piste de vos désirs pour trouver ce qui vous fait véritablement envie.

5. *Laissez le désir se transformer en intention.* Commencez à vous voir non pas simplement comme une personne qui veut ce qu'elle veut, mais comme une personne qui obtiendra ce qu'elle veut.

6. *Sortez des sentiers battus.* Ne croyez pas que vous allez nécessairement obtenir l'objet de vos désirs en suivant les voies « normales ». Gardez l'esprit ouvert pour accueillir des solutions non conventionnelles.

7. *Posez-vous la question « Et ensuite? ».* Imaginez ce que sera votre vie quand votre désir sera exaucé. Si la suite est aussi satisfaisante que l'objectif lui-même, c'est qu'il s'agit d'un vrai désir.

8. *Croyez en votre capacité à réaliser vos désirs dans votre vie.* Vous devrez peut-être vous rassurer quand la patrouille des anti-désirs surgira dans votre cerveau. Rappelez-vous simplement qu'il est possible et essentiel d'obtenir ce que votre cœur désire véritablement. Un jour ou l'autre, vous verrez que c'est vrai.

La créativité

*Chaque jour, concevez et mettez par écrit au moins
une idée nouvelle et réalisable pour vous aider
à concrétiser l'un de vos rêves les plus chers.*

« Et maintenant, dit en chantonnant le professeur de yoga, pour approfondir l'exercice, respirez dans vos hanches et *élargissez* l'espace dans votre bassin, en poussant votre cerveau vers le *haut* en direction du plafond et votre rate vers le *bas* en direction du centre de la terre. » Le son apaisant du sitar accompagne la démonstration : mon professeur a une jambe autour du cou, l'autre repliée sous son aisselle, la tête (d'après ce que je peux voir, en tout cas) reposant légèrement sur le sol à côté de ses fesses. On dirait la très sereine victime d'un épouvantable crime. Véritable néophyte, je suis moi-même pas plus capable de prendre cette position que de m'envoler vers Neptune. Mais je suis tout de même heureuse d'être là. Cette femme charmante à la voix suave est parvenue à rendre son corps souple et malléable au point de pouvoir s'adapter à n'importe quel stress ou presque, et je veux être comme elle.

J'ai lu un jour qu'un receveur de football pratiquait le yoga pour entraîner son corps à s'habituer à se retrouver soudainement dans des positions étranges, chose fréquente dans ce sport de contact. Eh bien, au cas où vous ne l'auriez pas remarqué, la vie aussi est un sport de contact. Pour ce qui est de l'âme, en tout cas. Sur le plan psychologique, le yoga trouve son équivalent dans l'acte de création : là aussi il faut s'exercer à faire de doux mais constants mouvements d'étirement et de renforcement. Par création, j'entends tout processus engageant la réalisation – c'est-à-dire rendre réel – d'événements, de choses ou de relations qui au départ n'existent que dans notre imagination. L'image mentale que je vous propose de manifester est la satisfaction de vos désirs les plus chers. Si en appliquant la recette numéro 3 vous avez compris que votre désir était celui de passer votre vie à voyager, la recette numéro 4 consistera à imaginer des moyens concrets de le faire. Si votre désir est d'atteindre la paix intérieure, d'acquérir de grosses sommes d'argent ou de trouver un mentor, votre tâche consistera à imaginer les moyens de réaliser ce désir.

Si chaque jour l'un de vos désirs vous tenaille au point d'éclipser tous les autres, la recette numéro 4 vous dirigera sans détour vers sa concrétisation. Prenons l'exemple d'une de mes clientes, une nageuse d'élite qui voulait à tout prix remporter une médaille olympique : c'était ce désir ardent qui la poussait chaque jour à se rendre à la piscine. Mais aussi, vos aspirations peuvent être multiples et même varier chaque jour : jeudi votre désir le plus cher sera d'écrire un roman, et vendredi, vous voudrez plus que tout être en compagnie d'un être que vous aimez. Pour mettre en pratique la recette numéro 4, il vous suffit de prendre le désir qui vous habite le plus dans le moment. Un désir qui ne vous lâche pas se manifestera assez souvent afin de vous permettre de faire émerger suffisamment d'idées et de le voir se réaliser. Ou alors, il vous propulsera dans une structure quelconque où diverses avenues sont possibles et où on exigera de vous un travail acharné, que cela vous plaise ou non (si vous voulez devenir médecin, il vous faudra étudier à l'université ; si vous voulez avoir un bébé, il vous faudra élever ce marmot, que vous ayez la fibre parentale ou non). Quand ce genre de chose se produit, on ne vise plus le même objectif que celui de la recette numéro 4. Vous apprendrez à composer avec ce contexte à la recette numéro 7, le jeu. L'objectif de la recette numéro 4 est de mettre en marche le processus qui vous mènera à la satisfaction d'un désir. Ce processus poursuivra ensuite son mouvement si le désir est suffisamment fort et qu'il se présente de manière répétée. Sinon, le processus aura au moins l'avantage de vous faire explorer vos propres aspirations, suffisamment en tout cas pour savoir si vous entretenez ou non une véritable passion susceptible de durer.

Le seul moyen de le savoir, c'est de contorsionner votre esprit, comme les yogis le font avec leur corps. En procédant ainsi, vous apprendrez à mieux gérer toutes sortes de problèmes, des petits ennuis de la vie aux grands dilemmes existentiels, comme l'art de savoir aimer, en passant par l'épineux mais important problème de la lutte contre le terrorisme. La recette numéro 4 est là pour vous aider à vous rendre plus compétent dans ce domaine. Ne vous faites pas de souci si votre idée du jour vous semble idiote, difficile à mettre en pratique, grandiose ou pathétique. Tout ce qui compte, c'est de la faire émerger et de la mettre par écrit. Tous les jours.

INCONFORT DIVIN

Quand je demande à mes clients comment ils entendent parvenir à leurs fins, la plupart du temps ils réagissent avec ahurissement, un tantinet (et parfois plus qu'un tantinet) fâchés. Attendez une petite minute, s'exclament-ils contrariés, est-ce qu'on ne vous paie pas pour résoudre ce problème? Eh bien, non, justement. On me paie pour que je les oblige, *eux*, à trouver des solutions. Si c'était *moi* qui me contorsionnais mentalement à leur place, rien ne bougerait et ils resteraient tout aussi coincés et raides qu'au début. Non seulement cette réponse m'aide-t-elle à réaliser l'un de mes plus chers désirs à moi, celui d'être payée pour pratiquement ne rien faire, mais il se trouve aussi qu'elle est vraie. Par contre, mes clients ne l'apprécient guère, car créer exige de développer une certaine souplesse mentale. Et ce processus entraîne parfois tant d'inconfort que bien des gens passent leur vie entière à l'éviter.

Quand vous mettrez la recette numéro 4 au menu, sachez que vous pourriez vous sentir au début psychologiquement très mal à l'aise, et que cela est une bonne chose. Dans la pratique du yoga, on appelle cela « repousser ses limites », c'est-à-dire prendre une position où vous ressentez un *léger* inconfort et la maintenir tandis que vous sentez votre amplitude de mouvement augmenter peu à peu. Si vous poussez trop loin en revanche, vous aurez carrément mal, ce qui vous conditionnera à éviter l'exercice et de ce fait vous rendra encore moins souple. Une fois que vous savez quelle sensation vous éprouvez quand vous repoussez les limites de vos capacités créatrices, vous commencez à comprendre que les problèmes trouvent leur solution lorsque vous acceptez cette sensation, et pas quand vous cherchez à l'éviter. La recette numéro 4 représentera souvent un défi. Si vous relevez ce défi comme faisant partie intégrante du processus, vous ne ferez plus obstacle à votre créativité. Voici quelques-unes des vérités désagréables que vous avez avantage à connaître dès le départ.

Vérité désagréable numéro 1 : Vous créez votre vie, que cela vous plaise ou non

Malheureusement, on associe très souvent le mot *créativité* à l'art avec un grand A ou à l'un de ces cours de peinture avec les doigts qui sont proposés dans les centres communautaires et auxquels on s'inscrit quand on a beaucoup de temps libre et de légers problèmes de santé mentale. La plupart des gens se situent quelque part entre les deux, habitués de croire qu'ils ne créent jamais rien. De la foutaise, voilà ce que j'en pense. Même si vous n'avez aucun lien avec le monde des arts, vous êtes créateur jusqu'au bout des ongles, et ce, chaque jour. Votre médium, c'est l'expérience elle-même. Actions, choses, mots, gestes, tout ce sur quoi vous exercez une influence en raison de vos choix participe à votre création. Chaque fois que vous exprimez votre pensée à un être cher, que vous préparez un repas ou que vous changez la savonnette de la salle de bain, vous modifiez l'espace et le temps, chose qui ne serait jamais arrivée sans votre concours. Consciemment ou inconsciemment, et plus que toute autre chose ou toute autre personne, vous avez le pouvoir de créer votre propre vie.

Voilà une déclaration difficile à avaler quand on vit une situation difficile ou décevante. Prenons le cas de Christine, par exemple, une femme intelligente, travailleuse et bien intentionnée venue me consulter à la suite d'une série d'échecs amoureux et professionnels. Les choses se mettaient toujours à mal tourner juste au moment où elle croyait être sur le point de réussir. Christine n'avait pas la moindre idée pourquoi. En explorant quelques éléments de sa psyché, nous avons découvert au bout d'un certain temps une de ces vérités qui annonce à la fois une mauvaise et une bonne nouvelles. D'abord la mauvaise nouvelle : il y avait chez Christine la croyance très forte, transmise (inconsciemment) par ses parents, qu'il était important qu'elle réussisse dans la vie, mais jamais au point de ne plus avoir besoin d'eux. La bonne nouvelle, c'était que Christine n'avait échoué en rien, bien au contraire. En fait, elle avait toujours réussi tout ce qu'elle avait entrepris, pour ensuite se saboter elle-même dès que la possibilité d'une autonomie financière et affective se concrétisait. Ce que Christine avait considéré comme une inexplicable malchance ou la preuve de son impuissance était en fait une manifestation de son pouvoir de création.

Comprendre que l'on possède ce genre de pouvoir peut parfois faire mal et créer du mécontentement. Pourquoi ? Parce que vous devez dès lors assumer la responsabilité de la plupart des expériences passées, de celles que vous vivez actuellement et de vos expériences futures. Plus question de transférer la responsabilité à d'autres ou de jouer à la victime. Si cela vous déplaît, je me permettrais de vous suggérer (et je le dis pour vous soutenir et avec toute la gentillesse du monde) d'avaler la pilule et d'agir en conséquence. Assumer le rôle que vous jouez vous-même dans vos créations imparfaites, si cela signifie comprendre toute la portée de votre incroyable pouvoir créateur, est un jeu qui en vaut largement la chandelle.

Vérité désagréable numéro 2 : Créer est un acte difficile

« Ma femme joue très bien du violon, me dit un jour un client du nom de Benjamin, mais elle n'a aucun talent. Elle travaille fort, c'est tout. » Par cette simple remarque, Benjamin venait d'expliquer la raison de ses cinquante années d'échecs. Tiens, tiens, me suis-je dit alors. Voilà l'une de ces personnes aux grandes ambitions artistiques qui croit que la réussite vient sans effort quand on a du talent. Benjamin avait passé sa vie à vainement essayer de trouver le génie qui l'habitait, ne sachant pas à quoi il ressemblait. Il croyait pouvoir le reconnaître dans l'œuvre qui aurait jailli spontanément de son être, pendant la sieste peut-être. Il n'avait jamais cru que le talent pouvait se cacher derrière l'humble et âpre travail que tout créateur doit fournir un jour ou l'autre. Michel-Ange a dit un jour : « Si les gens savaient tout le travail que j'y ai mis, ils ne trouveraient pas mes œuvres si remarquables. » Comme Benjamin, la plupart des gens croient que les grandes réalisations artistiques viennent aisément, alors qu'en fait elles sont le produit de beaucoup d'efforts.

Les gens qui pensent comme Benjamin ont très souvent tendance à critiquer – parfois méchamment. Cette idée qu'il est facile de créer coupe leur élan dès qu'ils se butent à une difficulté quelconque. Elle leur fait également croire qu'ils peuvent tomber à bras raccourcis sur les gens pour critiquer leur manière d'élever leurs enfants, de faire leur travail ou de mener leur vie. La critique est aisée, mais l'art est difficile. Il est en effet bien plus facile de détruire que de bâtir quelque chose. Attaquer la création d'autrui en donnant dans le savant et le raffiné est d'une simplicité désarmante. Mais comme le dit le vieil adage, n'importe quel idiot peut mettre le feu à une grange. En bâtir une, c'est autre chose.

Repousser les limites de votre créativité, cela signifie vous efforcer constamment de rester dans le feu de l'action, de trouver des solutions, d'accomplir et de bâtir, plutôt que d'attendre que le succès arrive sans que vous ayez à fournir le moindre effort ou de saccager le travail d'autrui. Il ne faut pas croire, en admirant l'œuvre d'un grand créateur, que le travail s'est fait facilement. Examinez bien cette œuvre et observez comment le maître s'y est pris, en vous rappelant que, au prix d'efforts gigantesques, vous pourriez vous aussi apprendre à faire de même.

Avant de formuler des remarques désobligeantes à l'endroit de la création d'autrui, exigez de vous-même de faire encore mieux, dans les mêmes conditions. Rappelez-vous qu'il n'est possible de concrétiser les grandes visions de l'esprit qu'en utilisant les humbles outils du monde matériel.

Vérité désagréable numéro 3 : Créer mène la plupart du temps à l'échec

Un de mes amis m'a téléphoné un jour pour me faire part, avec un lugubre accent de triomphe dans la voix, des résultats d'une étude démontrant que les pessimistes ont plus souvent raison que les optimistes. Ça ne m'a pas étonnée. Créer est un acte difficile qui nous cause bien des problèmes, et c'est pour cette raison que même les projets les mieux conçus peuvent échouer. Qu'il s'agisse de faire fortune, de se faire des amis ou encore d'améliorer le sort des animaux des jardins zoologiques, il y a bien moins de chances de réussir que de risques d'échouer. Étant moi-même une personne optimiste (et qui, par conséquent, a tort la plupart du temps mais pas cette fois), je ne crois pas que ces perspectives décourageantes doivent nous faire cesser de vouloir vivre dans la joie. Je crois qu'il faut essayer plus souvent, par toutes sortes de moyens.

Comme coach de vie, j'ai remarqué que la plus grande différence entre les gens qui réussissent brillamment et ceux qui ne
réussissent jamais rien vient du fait que les gens qui connaissent le succès échouent plus souvent. Pleins d'espoir, ils se lancent à corps perdu dans l'aventure, projet après projet, et la
plupart du temps leurs efforts n'aboutissent à rien. Le scripteur
humoriste John Vorhaus affirme que le taux d'échec au sein
de sa profession tourne aux alentours de quatre-vingt-dix pour
cent. Il appelle cela la « Règle de neuf », c'est-à-dire que pour
chaque bonne blague, neuf sont aussi drôles que la lèpre. Les
humoristes qui réussissent ne sont pas forcément ceux qui nous
font rire à tout coup, ni même la moitié du temps. Ce sont ceux
qui pondent un millier de blagues et qui balancent les neuf
cents qui ne marchent pas.

Souvenez-vous bien de la « Règle de neuf » lorsque vous
essayez de trouver des idées pour concrétiser vos désirs. Je vous
encourage également à vous faire tatouer bien visiblement
quelque part l'énoncé suivant (que j'ai déjà dit et que je redi-
rai encore jusqu'à mon dernier souffle) :

Ce qui vaut la peine d'être fait vaut la peine d'être mal fait.

Voilà ce sur quoi tous les créateurs s'appuient quand ils ten-
tent de composer avec leurs nombreux échecs. À un moment
donné, une de vos idées conçues dans le cadre de la recette
numéro 4 sera désastreuse. Bravo ! Ce sera un pas de plus vers
une bonne idée.

IMAGINEZ ET ÉCRIVEZ

Maintenant que vous connaissez quelques-unes des horribles vérités sur les idées créatrices, voyons comment se déroule
le processus créateur proprement dit. En fait, si vous avez mis
en pratique les trois premières recettes avec assiduité, vous

avez déjà fait le plus important. En énonçant avec précision et clarté la question à laquelle il faut répondre, le désir à combler, vous vous assurez que vos idées créatrices sont bien dirigées. La plupart des gens qui sont inconscients de la manière dont ils bâtissent leur vie ne parviennent jamais à ce stade. Leur plan de vie est issu d'aspirations à demi formulées et répond à des exigences provenant d'autres personnes. Ainsi, leur créativité ne sert jamais à résoudre les difficultés qui importent vraiment à leurs yeux. Alors, prenez le temps de bien appliquer les trois premières recettes avant de vous jeter dans la création.

Quand vous êtes prêt à passer à la recette numéro 4, procurez-vous de quoi écrire. Commencez par mettre votre désir sur papier en lui donnant la forme d'une question débutant par « comment ». Par exemple, si votre désir est « Je veux sortir avec un militaire », écrivez « Comment faire pour qu'un militaire sorte avec moi ? » ou « Comment faire pour sortir avec un militaire ? » Si votre désir est « Je veux un hamster », tentez de formuler votre question le mieux possible en fonction de votre situation. Pour quelqu'un, ce sera « Comment faire pour adopter un hamster ? » Une autre personne dira : « Comment prendre soin d'un hamster ? » ou « Comment trouver la race de hamster que je veux ? »

Maintenant, écrivez au moins cinq réponses possibles à cette question. Faites preuve d'imagination et d'ouverture d'esprit. Osez même un peu de fantaisie. L'important à cette étape, ce n'est pas la qualité, mais la quantité. Alors saluez votre audace si vous constatez que vos solutions semblent ridicules, gênantes ou impossibles. Quand vous laissez émerger des idées un peu folles et ridicules, cela met en marche le processus créatif. Une solution sensée (mais que vous n'aurez pas imaginée au préalable) surgira au moment où vous vous y attendrez le moins. En fait, le meilleur moyen de trouver des solutions efficaces à des problèmes tenaces, c'est d'imaginer quelque chose de bizarre, de cocasse ou d'étonnant qui vous permettrait de réaliser votre rêve. Aussitôt que vous avez ne serait-ce qu'une seule idée, vous en avez terminé pour la journée avec la recette numéro 4.

Si vous voyez que vous mordillez votre crayon comme un petit rongeur, incapable de trouver une seule idée, ou si vous avez atteint les limites de vos capacités imaginatives, ce n'est pas forcément l'impasse. Vous êtes peut-être en fait sur le point de trouver une solution jamais encore imaginée. Comme l'a dit Einstein, aucun problème n'a jamais été résolu dans le système de pensée qui l'a engendré. Quand on crée, on va toujours au-delà des limites de notre vision actuelle du monde. C'est là qu'un peu de yoga mental peut vous aider. Les techniques qui suivent ont été conçues pour faire faire à votre cerveau quelques contorsions. Grâce à elles, vous serez en mesure de pondre tellement d'idées saugrenues que tôt ou tard une bonne idée montrera le bout de son nez. Votre désir inassouvi en tête, essayez d'appliquer les techniques suivantes.

La créativité – Étape 1 : Obligez-vous à innover

J'ai une amie et collègue institutrice qui enseigne à plus d'une centaine d'élèves chaque année. Elle commence toujours son cours en demandant à tous les jeunes de se déplacer d'un endroit à l'autre de la salle. Mais il y a un hic : personne ne doit traverser la pièce de la même manière. Les premiers à s'exécuter s'y prennent en employant des moyens évidents : à reculons, en rampant, en sautillant, à cloche-pied. Ceux qui suivent sont d'abord décontenancés, jusqu'à ce que soudain quelqu'un trouve une toute nouvelle façon de traverser la pièce, par exemple en faisant rouler une chaise, ou en se mettant à plusieurs pour se déplacer de toutes sortes de manières innovatrices. Plus ils ont épuisé les méthodes possibles, plus les enfants trouvent de nouveaux moyens. Mon amie dit aussi que chaque année quelqu'un trouve un moyen qu'elle n'avait encore jamais vu. En vous obligeant à trouver des solutions encore jamais imaginées, tout un monde de possibilités s'ouvre à vous au moment où vous croyez avoir épuisé toutes vos ressources. Il suffit de trouver chaque jour une seule idée novatrice et réalisable. Mais en vérité, si vous aviez à le faire, vous en trouveriez vingt.

La créativité – Étape 2 : Acharnez-vous sur vos ennemis

S'acharner, c'est se concentrer sur quelque chose jusqu'à l'obsession. Si vous ne vous acharnez jamais sur rien, vous pouvez passer cet exercice. Mais j'en doute fort. Nous avons tous pour la plupart des sujets d'acharnement : notre sentiment de solitude, le comportement de nos enfants, la propagation des abeilles tueuses d'Afrique, que sais-je. Parfois, c'est un type de personnalité (permissif, contrôlant) qui nous propulse dans un accès de fureur chaque fois que nous sommes en présence d'une personne de ce type. Parfois nous sommes concentrés sur une seule personne, nous acharnant sans relâche pendant des années sur une relation présente ou passée.

Commencez l'exercice en choisissant une personne ou un groupe de personnes sur lequel vous vous acharnez. Je pense surtout à ces gens qu'on ne peut absolument pas supporter, ces voyous au comportement si répréhensible que vous passez des heures à détester. Soyez honnête envers vous-même. Ne vous souciez pas pour le moment de faire un choix raisonné, de vous montrer ouvert d'esprit ou convenable aux yeux de tous. J'ai passé des mois entiers de ma vie à détester avec passion des gens qui avaient toujours été gentils avec moi. J'ai passé des professions à la moulinette sans avoir eu beaucoup de raisons de le faire. Par exemple, j'ai vécu une période où je détestais pratiquement tout le monde qui détenait un doctorat. Est-ce que c'était juste ou correct ? Bien sûr que non. Est-ce que cela m'a permis de trouver des manières originales d'obtenir ce que je voulais dans la vie ? Oh que oui ! Mais il a d'abord fallu que j'aborde les choses de la manière suivante. Premièrement, écrivez sur papier le nom de la personne ou du groupe qui éveille tout particulièrement votre colère. C'est le nom de l'Ennemi.

NOMMEZ VOTRE ENNEMI

Je déteste vraiment, mais vraiment _____.

Maintenant, pensez à la chose que vous détestez le plus chez votre ennemi. Qu'y a-t-il à son sujet et que fait-il qui vous met vraiment en rogne ? Il n'est pas nécessaire que ce soit un trait de caractère ou un comportement réel. Il pourrait être complètement fictif, un produit de votre imagination excessive. Allez-y, soyez le plus précis possible, que ce soit justifié ou non.

Par exemple, je croyais que tous les détenteurs de doctorat étaient des narcissiques imbus d'eux-mêmes, hyperscolarisés et sans aucune expérience de la vie. Une cliente, Dorothy, a avoué détester les femmes qui portent des vêtements osés, ne voyant en elles que des femmes stupides et nymphomanes. Bill haïssait les policiers, qui étaient pour lui de dangereux fanatiques amoureux du pouvoir. Helen entretient une obsession maladive au sujet de sa mère qui, à cinquante-huit ans, agit encore comme une enfant démunie de cinq ans. Qu'est-ce qui, chez votre ennemi, vous rend complètement marteau ? Mettez-le par écrit – pour vrai, maintenant ! – peu importe ce que c'est.

NOMMEZ LES MAUVAISES ACTIONS
DE VOTRE ENNEMI

Ce qui me dérange le plus au sujet de (nom de votre ennemi), c'est _____.

Il est bien possible que l'espace prévu soit loin d'être suffisant pour énumérer toutes les choses que vous détestez à propos de votre ennemi. Pas de problème ! Entrez en mode acharnement comme vous en avez l'habitude, puis dressez la liste des ignobles traits de caractère de votre ennemi. Il vous faudra un peu de temps, mais bon. C'est du temps que vous consacreriez à ressasser ce sujet d'une façon ou d'une autre. Écrivez dans l'espace ci-dessous les caractéristiques de l'ennemi que vous détestez le plus.

LISTE DES TRAITS DE CARACTÈRE DE L'ENNEMI

Je déteste tout particulièrement les choses suivantes
chez mon ennemi :

1.

2.

3.

4.

5.

À cette étape-ci, l'exercice vous procure sans doute pas mal de satisfaction. S'acharner sur son ennemi est un passe-temps très agréable qui renforce beaucoup l'ego. Mais la fête est finie, malheureusement. Et si les traits de caractère et comportements que vous venez tout juste d'énumérer étaient *exactement* ce que vous devriez intégrer à votre comportement pour pouvoir combler votre désir le plus cher ? Eh oui, vous avez bien lu. Je vous propose maintenant d'adopter les comportements que vous détestez le plus, de joindre les rangs de l'ennemi. Ou du moins d'apprendre de lui.

Le raisonnement derrière cette proposition, c'est que nous ne ressassons que ce qui est vraiment important à nos yeux sur le plan psychologique. Quand l'objet de notre obsession est une autre personne, c'est habituellement parce que cette personne incarne un aspect de nous-mêmes que nous essayons d'intégrer et d'accepter. Cela est vrai des personnes que nous détestons le plus comme de celles que nous aimons le plus. Il se pourrait très bien que cet ennemi qui occupe vos pensées soit une sorte de miroir qui vous montre tout ce que vous pensez selon vous ne devoir pas être. Ressasser les choses en condamnant et en jugeant est souvent une façon de résister à des côtés de nous-mêmes que nous avons rejetés parce que nous les considérons comme malsains. Cette croyance nous maintient dans un état de rigidité, nous fait rester sur nos positions et nous rend incapables de voir la vie avec créativité. Vos ennemis ne sont pas pour autant justifiés sur le plan moral. Et cela ne signifie pas non plus que vous n'ayez pas le droit de les détester. Cela veut dire par contre que vous aurez peut-être à revoir les traits de cet ennemi pour les intégrer à vos propres façons de vous comporter.

Par exemple, je me suis mise à détester les détenteurs de doctorat tout de suite après avoir donné naissance à un enfant déficient mentalement et m'être éloignée de Harvard, où j'avais moi-même entrepris des études de doctorat. Je voulais être comme les autres mères, je voulais que tout le monde accepte mon fils sans qu'on fasse attention à son quotient intellectuel. Inconsciemment, mais avec beaucoup de rigueur, je rejetais la partie de moi-même qui aimait bien côtoyer les gens instruits et ambitieux dans une prestigieuse université. Si je n'arrêtais pas de ressasser à quel point je haïssais les universitaires, c'était parce qu'une partie de moi était incapable d'oublier que je faisais partie de ce groupe et que détenir un doctorat, aussi injuste que cela puisse être, me permettrait de réaliser mes rêves. Jusqu'à ce que j'accepte la femme (comment j'ai dit ça?) narcissique, hyperscolarisée, imbue d'elle-même et sans aucune expérience de la vie que j'étais, je n'ai pas été capable d'utiliser mes talents et mes compétences à leur plein potentiel pour réaliser mon rêve le plus cher.

Voici comment cet exercice a permis aux clients dont j'ai parlé plus tôt de solutionner leur problème. La vie de Dorothy, par exemple, a complètement changé quand elle s'est autorisée à essayer, à acheter puis à porter des vêtements sexy comme ceux qu'elle avait toujours condamnés. Il se trouva qu'elle pouvait avoir l'air pas mal sexy elle-même. Mais on lui avait transmis qu'être sexy, c'était tordu, provoquant et que cela la plongerait dans les pires situations. Mais rien de tout cela n'arriva. Dorothy affirma davantage sa sexualité, et son mariage et sa vie en général s'en trouvèrent beaucoup mieux. Bill, quant à lui, comprit que sa haine des policiers représentait en partie son être véritable qui l'incitait à dépasser sa réserve et sa timidité. Derrière sa sensibilité, Bill était un solide gaillard de la trempe des héros. Reconnaître ce fait lui permit de retrouver un équilibre et de regagner confiance en lui. La relation d'Helen avec sa mère changea radicalement quand Helen comprit qu'elle avait toujours joué le rôle de l'adulte tandis que sa mère jouait celui de l'enfant. Quand Helen s'autorisa à être un enfant plus souvent, c'est-à-dire à être moins patiente, moins tolérante et davantage consciente de son propre besoin d'être « nourrie », elle établit des limites plus claires. Ainsi, elle put s'occuper de sa mère avec moins de ressentiment et l'encourager davantage à grandir.

Revoyez les traits de caractère que vous avez énumérés précédemment en gardant à l'esprit qu'ils sont peut-être exactement les traits que vous devez accepter de vous-même. Puis, considérez le problème de la réalisation de vos désirs sous l'angle de « l'ennemi ». Si vous détestez les paresseux, il est possible que vous trouviez la solution à vos problèmes seulement si vous cessez de travailler comme un forcené. Si vous êtes une femme et que vous avez une dent contre les hommes, il est possible que vous deviez adopter des stratégies et des traits de personnalité que vous jugez comme étant masculins – même chose si vous êtes un homme et que vous ne pouvez pas supporter les femmes. Si les gens malpropres vous horripilent, il se peut que vous rejetiez une solution possible à vos problèmes parce qu'elle vous semble bâclée. Pensez à divers moyens d'intégrer certains aspects propres à vos ennemis. Vous allez probablement découvrir une nouvelle perspective qui vous permettra de faire émerger des idées toutes neuves.

La créativité – Étape 3 : Unifiez les fausses dichotomies

Il y a deux groupes de personnes dans le monde : celles qui divisent le monde en deux et celles qui ne le divisent pas.

Blague à part, il existe effectivement un stade du développement psychologique caractérisé par la « pensée dichotomique », c'est-à-dire la croyance que l'univers est composé de paires d'éléments contraires. L'approche thérapeutique du psychologue Carl Rogers est basée sur la prémisse que les fausses dichotomies ont un rôle à jouer dans la plupart des schèmes de comportement dysfonctionnels. Quand la vie est « tout l'un ou tout l'autre », nous avons tendance à penser une chose puis son contraire sans jamais explorer la multitude d'autres façons de penser qui se trouvent entre les deux, ni toute autre manière de voir les choses.

Kim, par exemple, vivait une vie de bohème dans sa petite chambre, toujours prête à faire la fête, jusqu'à ce qu'elle ait un enfant et devienne soudainement une « bonne fille » qui ne s'amusait plus jamais. Leonard crut qu'en devenant médecin, il serait marié à sa profession et qu'il serait incapable de vivre une relation amoureuse satisfaisante. Pour Lorraine, le fait d'avoir un chat signifiait prendre des médicaments contre les allergies pendant toute sa vie. Tous ces gens croyaient avoir le choix entre deux seules possibilités, ce qui les empêchait d'envisager d'autres solutions.

Pour ne plus penser de cette manière faussement dichotomique, libérez-vous en dressant la liste des « tout l'un ou tout l'autre » dans votre vie, ces paires d'éléments contraires ou contradictoires qui font partie de vos façons d'être ou d'agir.

LA DICHOTOMIE DANS MA VIE

Je peux être _____ ou _____.

Je peux avoir _____ ou _____.

Je peux agir de manière _____ ou _____.

Maintenant, réécrivez ces mêmes éléments dans l'encadré ci-dessous :

LA CRÉATIVITÉ DANS MA VIE

J'ai l'intention d'être à la fois _____ et _____ .

J'ai l'intention d'avoir _____ et _____ .

J'ai l'intention d'agir de manière _____ et _____ .

Au début, vous éprouverez beaucoup de résistance face à ce que vous aurez écrit dans le deuxième encadré. Plus les énoncés réveilleront votre colère («Bon sang, je ne peux tout de même *pas* être à la fois danseuse de hula professionnelle et juge à la Cour suprême!»), plus il est probable que la dichotomie provienne d'idées erronées plutôt que de faits réels. Répétez à voix haute ou réécrivez les phrases que vous aurez inscrites dans cet encadré, même si elles vous dérangent. *Surtout* si elles vous dérangent. Remarquez comment, chaque fois que vous les répétez, votre état change graduellement. Vous devenez de moins en moins fixé sur vos positions. En énonçant une chose que vous considériez comme impossible, vous mettez votre cerveau en mouvement pour imaginer des solutions non conventionnelles. En choisissant le mot *et* à la place de *ou*, vous encouragez vos méninges à trouver d'autres façons et d'autres moyens qui, autrement, seraient restés cachés.

J'ai vu des dizaines de clients trouver toutes sortes de solutions inattendues à leurs problèmes en combinant certains éléments de leur vie d'une manière qu'ils n'auraient jamais crue possible. La vie de Kim a changé du tout au tout quand elle a compris qu'elle pouvait très bien être mère et avoir des amis avec qui fêter. Avec les deux, elle a retrouvé l'équilibre qui lui avait toujours fait défaut. Leonard a ouvert sa propre clinique médicale, ce qui lui a permis d'être autonome, de travailler moins d'heures que la plupart de ses collègues et en fin de compte d'épouser une femme, médecin elle aussi, avec qui il s'est associé professionnellement parlant. Individuellement, chacun gagnait moins, à cause du nombre réduit d'heures de travail, mais tous deux y gagnaient en qualité de vie. Lorraine a pu exprimer son amour pour les chats sans rien risquer pour sa santé en adoptant un chat d'une race sans poil, qui ne déclenchait pas d'allergies et qu'elle a appelé Pinkie.

La créativité – Étape 4 : Transgressez les lois du Jardin d'Éden

Comme vous êtes sans doute déjà au courant, la seule loi que devaient respecter Adam et Ève au Jardin d'Éden était celle de ne jamais toucher sous aucun prétexte à l'Arbre de la Connaissance du Bien et du Mal. Ils ont été expulsés du Jardin d'Éden non pas parce qu'ils ont eu des relations sexuelles, commis un acte de violence ou pas assez bien rogné leurs trognons de pommes, mais parce qu'ils ont élargi leur champ de conscience. Qu'on croie ou non littéralement à cette histoire, elle rappelle ce qui se produit quand on prend conscience de la dynamique tacite qui règne au sein d'une organisation sociale. Par exemple, chaque famille est régie par des lois implicites quant à la manière dont les choses doivent se passer, des règles que tous respectent religieusement : on laisse papa faire ce qu'il veut ; on cherche à protéger Mabel, l'hypersensible ; on évite de parler du divorce de Kelly. Mais quelles que soient les règles, il y a presque toujours une loi suprême qui chapeaute toutes les autres, à savoir que *personne n'est autorisé à discuter ouvertement et franchement des règles en vigueur*. Amener les règles à la conscience signifie qu'on ne peut plus les suivre par habitude ou par ignorance. Une fois qu'on sait comment les choses fonctionnent, on est confronté à la possibilité et à la responsabilité de faire des choix.

La stratégie qui consiste à transgresser la loi suprême, c'est-à-dire à parler des règles qui régissent un système donné plutôt que de simplement continuer à les respecter, est d'une efficacité à toute épreuve pour dénouer les impasses relationnelles, qu'elles soient d'ordre amoureux, amical, familial ou professionnel. Un de mes amis et animateur de thérapie de groupe appelle cela « monter au poulailler ». C'est comme si on quittait le parterre du théâtre et qu'on montait au poulailler pour y analyser l'intrigue de la pièce. Par exemple (puisqu'on vient de parler de mes études de doctorat), il y avait parmi mes professeurs de l'époque un homme bourru qui ne se gênait pas pour émailler de jurons et d'insultes ses commentaires sur nos travaux. Il a dit un jour en lisant un des miens que c'était « une des pires saloperies qu'il avait jamais lues ». Bien sûr, ma première réaction fut d'aller me précipiter du haut d'un pont. Mais, puisque j'étais cuite de toute façon, je me suis dit que c'était peut-être le moment de monter au poulailler.

« Je pourrais vous poser une question ? » dis-je.

« Vous venez de le faire, triple idiote », répondit-il.

« C'est vrai, dis-je, mais je me demandais… vous me détestez à ce point ou c'est seulement votre manière d'enseigner ? »

Il réfléchit un moment, puis répondit : « C'est seulement ma manière d'enseigner. »

Depuis ce jour-là, mes rapports avec cet homme assez spécial se sont considérablement améliorés. Et chose étrange, il s'est mis à se comporter comme s'il m'aimait somme toute assez bien.

Il m'est arrivé des centaines de fois d'accompagner des clients aux prises avec ce genre de confrontation. Wayne, par exemple, était fou d'angoisse à force de travailler pour un patron qui semblait déterminé à le mettre dehors. Quand il a fini par le confronter en lui disant : « J'ai l'impression que vous cherchez à tout prix à me congédier », il a appris que son patron croyait que Wayne faisait tout pour le faire renvoyer, *lui* ! Louise, pour sa part, passa une année d'enfer à se demander si l'homme qu'elle aimait finirait un jour par l'aimer en retour. Quand elle se décida enfin à lui parler, il s'avéra que son copain avait pris sa réserve pour un signe d'y aller doucement dans ses avances. Monter au poulailler, énoncer clairement les règles du jeu, manger le fruit de l'Arbre de la Connaissance, appelez cela comme vous voudrez, ce processus balance par-dessus bord l'attitude puérile de celui qui ne veut rien voir pour nous mettre face à face avec la réalité. C'est un processus qui peut faire peur, parce qu'il nous confère le pouvoir du Créateur, la capacité et la responsabilité de bâtir notre vie. Il ouvrira toutes grandes les portes de votre imagination.

La créativité – Étape 5 : Combinez les éléments incongrus

Mes clients font souvent l'erreur de concentrer toute leur attention sur des éléments qui concernent le problème qu'ils essaient de régler. Si mon client vit un problème lié à son travail, il se met à lire des dizaines de bouquins sur les choix de carrière, consulte des conseillers en orientation et navigue sur des sites de perfectionnement professionnel. S'il veut rencontrer la partenaire idéale, il s'inscrit à des clubs de rencontre ou se met à fréquenter des bars pour célibataires. S'il veut s'attirer la célébrité en peignant des toiles, il imite les peintres de génie. Il n'y a rien de mal à passer par les voies évidentes pour tenter d'atteindre ses objectifs. Mais vous aurez beaucoup plus de succès si vos moyens sont aussi incongrus que possible. Si l'un de mes clients avait un des problèmes (ou tous les problèmes) mentionné ci-dessus, je lui recommanderais de s'adonner à des activités telles que jouer du jazz à la clarinette, lire des ouvrages de physique ou aller à la pêche à la ligne. Porter son attention à la fois sur l'attendu et l'inattendu crée une juxtaposition inhabituelle d'idées, qui provoque de formidables étincelles susceptibles d'allumer l'imagination.

Il est possible aussi de faire émerger des idées incongrues en parlant avec des gens dont la manière de penser est très différente de la vôtre. Discutez de vos désirs les plus chers avec les trois personnes les plus dissemblables que vous connaissez. Disons, par exemple, votre institutrice de sixième année, votre secrétaire et le chauffeur de taxi étranger et immigrant qui vous ramène chez vous un soir. Combinez leurs réactions dans votre esprit, remuez le tout et voyez ce que ça donne. Il arrivera quelquefois qu'une ou plusieurs de leurs idées seront valables. À d'autres moments, le mélange des différences donnera naissance à une idée toute neuve. La majorité des concepts que j'utilise dans mon travail de coach de vie, en consultation ou par écrit, sont issus d'une combinaison des visions occidentale et orientale de la vie, de mon expérience de mère et de mon expérience professionnelle, et des règles du métier combinées à mes impressions intuitives. Plus je m'applique à considérer un problème sous les angles les plus divers, plus la solution qui émerge est novatrice et efficace.

La créativité – Étape 6 : Faites une seule chose différemment

C'est du psychologue Bill O'Hanlon que vient l'expression «Faites une seule chose différemment». C'est d'ailleurs le titre de l'un de ses ouvrages, *Do One Thing Different*. O'Hanlon déclare qu'il suffit de modifier une seule chose, n'importe laquelle, dans notre manière habituelle d'aborder un problème pour nous sortir de nos ornières psychologiques. Admettons, par exemple, qu'un couple se dispute continuellement pour les mêmes choses. La suggestion de O'Hanlon, dans ce cas, serait que le couple laisse la prochaine dispute éclater, à la différence que cette fois-là l'un et l'autre devraient porter un chapeau, entrer dans une baignoire vide ou s'allonger par terre. Et ensuite continuer à se disputer.

J'ai pu constater l'efficacité de cette technique chez moi comme chez mes clients. Changer un élément d'une routine quelconque fait qu'il est extrêmement difficile de ne pas remarquer les autres choses qui pourraient également être différentes. Régler vos factures assis à la table d'un café au lieu de le faire assis à votre bureau peut vous aider dans la gestion de vos finances. Prendre un autre chemin pour vous rendre au travail viendra faire émerger une idée qui vous permettra de perdre les kilos dont vous avez peine à vous débarrasser. Comment, où et quand cela se fera-t-il ? Je n'en sais rien. Vous seul trouverez la réponse au moment voulu. Tout ce que je sais, c'est que se placer dans une situation inhabituelle permet de voir les choses autrement. Ce faisant, des solutions auxquelles vous n'auriez jamais pensé surgissent les unes après les autres, jusqu'à ce qu'une idée de génie émerge, une idée qui vous aidera à réaliser votre rêve le plus cher. Mettez-la par écrit.

LE PRÊT-À-EMPORTER

Si, pendant toute la durée des exercices précédents, vous aviez un désir bien présent à l'esprit et que pourtant aucune solution possible n'a émergé, il faudra peut-être demander à d'autres de contribuer à vos efforts, qu'il s'agisse d'amis, d'êtres chers, d'un thérapeute ou d'un coach de vie comme moi. Mais il est rare que mes clients fassent ces exercices sans que de nouvelles idées ne leur viennent à l'esprit. Je suis prête à parier que vous concocterez une belle petite liste de possibilités et qu'au moins une d'entre elles sera réalisable.

Quoi faire maintenant que vous avez mis votre idée sur papier ? Faites ce que vous voulez. Affichez votre idée, mémorisez-la, oubliez-la, mettez-y le feu, classez-la dans un classeur, peu m'importe. L'important, ce qui changera vraiment votre vie, c'est d'avoir appris à jeter un regard novateur sur les impasses de votre vie. S'y mettre chaque jour, c'est comme faire du yoga : vous améliorez votre forme et vous gagnez de la souplesse pour réaliser des choses que vous auriez crues totalement en dehors de votre sphère d'action habituelle. En mettant régulièrement en pratique la recette numéro 4, vous aurez bientôt des idées ingénieuses toute la journée. Certaines tomberont carrément sous le sens (« Comment n'y ai-je pas pensé plus tôt ? ») et d'autres vous paraîtront très bizarres (« Bonté divine ! Vous croyez vraiment que je pourrais… ? »). Dans un cas comme dans l'autre, ces idées sonneront si juste qu'il vous sera impossible de les ignorer. Vous n'aurez pas à vous y accrocher, parce que ce sont elles qui ne vous lâcheront pas.

Les idées qui vous reviennent constamment à l'esprit sont celles que vous aurez à conserver pour la prochaine étape. Vous pouvez utiliser la liste que vous avez dressée comme base pour la recette numéro 5, mais ce n'est pas nécessaire. Simplement en mettant vos idées par écrit, même si vous ne faites rien, vous aurez amorcé la concrétisation des fruits de votre imagination. Vous êtes maintenant prêt à passer à l'action, à boucler votre ceinture et à mettre vos idées en marche. Espérons que vous aurez bien fait tous vos exercices d'étirement, car en effet, l'aventure promet de vous secouer un brin.

RECETTE NUMÉRO 4 : LA CRÉATIVITÉ
EXIGENCES QUOTIDIENNES MINIMALES

Imaginez et écrivez.

Chaque jour, commencez l'exercice en mettant par écrit le désir que vous chérissez le plus à l'heure actuelle. Donnez-lui la forme d'une question (« Comment pourrais-je… ? »). Ensuite, écrivez cinq réponses possibles. Si aucune n'est réalisable, écrivez-en cinq autres. Continuez jusqu'à ce qu'au moins une idée réalisable émerge.

Pour élargir le champ de votre créativité, essayez les techniques de « yoga mental » suivantes :

1. *Obligez-vous à innover.* Concevez dix manières de résoudre le problème auquel vous faites face. Il n'est pas nécessaire que ces solutions soient raisonnables, éthiques ou même légales, mais il faut impérativement qu'elles soient différentes. C'est bien compris ? Super. Maintenant, concevez-en dix autres.

2. *Acharnez-vous sur vos ennemis.* Ayez dans votre mire une personne (ou un groupe de personnes) que vous détestez. Dites ce que vous détestez le plus à son sujet. Observez si en reformulant cet élément, celui-ci ne pourrait pas correspondre à une chose dont vous avez vous-même besoin ou que vous avez déjà. Autorisez-vous à agir comme votre ennemi, dans les limites de votre jugement moral.

3. *Unifiez les fausses dichotomies.* Dressez la liste des éléments qui ne peuvent pas se retrouver ensemble dans votre comportement, votre environnement ou votre vie. Prenez l'engagement d'être, de faire ou d'avoir ces deux choses. Voyez si une solution émerge.

4. *Transgressez les lois du Jardin d'Éden.* Commencez par remarquer les règles tacites qui règnent au sein de l'organisation sociale dont vous faites partie. Décrivez la dynamique que vous voyez à l'œuvre dans ce contexte. Parlez-en de vive voix.

5. *Combinez les éléments incongrus.* Pensez à un problème que vous avez à résoudre afin de pouvoir réaliser un de vos rêves les plus chers. Engagez-vous à faire quelque chose sans aucun rapport avec ce problème. Laissez simplement votre esprit observer ce qui ce passe : si une solution émerge, vous le saurez.

6. *Faites une seule chose différemment.* Tout en vaquant à vos occupations habituelles, modifiez votre façon de faire en changeant un seul élément de votre routine. Modifiez le parcours emprunté pour vous rendre à la cuisine, mangez vos spaghettis avec les doigts, promenez votre chat.

Quand une idée réalisable aura surgi dans votre esprit pour vous aider à réaliser votre rêve le plus cher, faites-en ce que vous voulez. Servez-vous des idées qui vous reviennent constamment à l'esprit comme base de la recette numéro 5.

RECETTE NUMÉRO 5

Le risque

Chaque jour, faites au moins une chose qui vous fait peur
mais qui contribuera à réaliser vos rêves.

Je suis en train d'écrire ce que vous lisez dans un avion qui se dirige vers San Francisco où mon amie Isabella vient de recevoir un diagnostic médical qui fait plutôt peur. Le mot *tumeur* a été prononcé. Ce diagnostic l'inquiète particulièrement parce que les symptômes qui l'ont fait courir chez le docteur sont les mêmes que ceux qui étaient apparus chez sa mère et qui avaient causé sa mort quelques années plus tôt après des souffrances horribles. Demain, avec l'épreuve de sa mère encore en tête, Isabella est censée retourner chez son médecin pour subir d'autres tests.

Mon mental (naturellement) s'est immédiatement mis à concocter les pires scénarios, ce qui fait que j'ai peur à plusieurs niveaux. Tout d'abord, j'ai peur de ce qu'Isabella aura peut-être à traverser. J'ai aussi peur, de façon égoïste, que la mort l'emporte et que je perde mon amie. Et puis, il y a la petite peur plus prosaïque et plus mesquine que je ne fasse pas la bonne chose en me rendant à San Francisco. Vous voyez, quand j'ai demandé à Isabella si elle voulait que je vienne, elle m'a répondu non. Elle était très prise par son travail extrêmement demandant, me dit-elle, et si je venais, le stress n'en serait que plus grand, chose dont elle avait besoin comme du... cancer.

J'étais prête à accepter la décision d'Isabella, vraiment prête. Le problème, c'est que, comme je mets la joie au menu tout le temps et que, après avoir mis en application aujourd'hui les trois premières recettes – quelques minutes de quiétude, suivies d'un moment de vérité et de l'identification de mon souhait le plus cher –, j'ai réalisé que ce que je voulais le plus ce jour-là, c'était me rendre disponible à mon amie si c'était ce dont elle avait besoin. Après avoir mis la recette numéro 4 au menu, j'ai imaginé un plan qui pourrait selon moi aussi bien satisfaire mes besoins que ceux d'Isabella. Je m'envolerai vers San Francisco, me trouverai un hôtel près de chez elle et resterai en contact avec elle par téléphone sans lui dire que je suis à San Francisco. Si elle décide à la dernière minute que de la compagnie lui ferait du bien pendant ou après les tests, je serai près d'elle en quelques minutes. Sinon, je rentrerai chez moi.

C'est clair comme de l'eau de roche pour moi que c'est un plan d'imbécile. J'ai toujours détesté m'imposer quand je ne suis pas désirée et je sais que je laisse probablement un besoin de codépendance entrer en jeu, besoin qui émerge du souvenir du besoin cuisant de compagnie que j'ai eu quand je subissais moi-même des tests. Ce que j'ai décidé de faire en ce moment pourrait en fait empirer les choses pour Isabella et devenir gênant pour moi. Mais voilà que je me trouve assise entre un homme qui s'est endormi sur mon épaule et une femme qui vient de renverser son verre juste à côté de mon ordinateur précisément parce que j'ai l'habitude de prendre des risques à la demande de mon cœur. Pour moi, le fait d'aller à San Francisco est ma version du jour de la recette numéro 5. Je n'ai aucune idée de la façon dont les choses tourneront, mais je vous promets que vous le saurez avant la fin de ce chapitre.

Il faut dire cependant que c'est un exemple assez spécial de la recette numéro 5. En temps ordinaire, je ne parcours pas de si grandes distances et ne dépense pas de grosses sommes d'argent pour mettre en pratique cette recette. Hier, par exemple, j'ai simplement dit « non » à une invitation à prononcer une allocution. (Cela peut paraître banal à vos yeux, mais chez moi ça déclenche une grande somme d'anxiété liée au besoin de plaire.) Cependant, comme nous le verrons, si vous ajoutez à petites doses cette recette à votre menu quotidien, vous finirez probablement par vous lancer dans de grandes aventures. Commencez en pensant aux idées qui vous sont venues quand vous mettiez en application la recette numéro 4 et cherchez la peur sous toutes ses formes : anxiété, nervosité, malaise, terreur. Travaillez votre créativité jusqu'à ce que vous arriviez à une idée qui vous fait reculer, un peu ou beaucoup. La peur est le signe que vous avez atteint la limite de votre zone personnelle de confort. Et ce que vous allez faire, c'est repousser cette limite pour gagner du territoire. La seule façon de le faire, c'est de prendre des risques.

POURQUOI DES RISQUES ?

Presque tous mes clients atteignent à un moment donné un point où ils savent ce qu'ils veulent de la vie et où ils disposent de plusieurs bonnes idées pour y arriver. Rendus là, ils se retrouvent tous sans exception devant un geste à poser qui leur fait peur : changer d'emploi, affronter un voisin psychopathe, écrire un livre, adopter un enfant. Certains de mes clients foncent tête première. D'autres piétinent… et piétinent… et piétinent. J'avais l'habitude de penser que, si je pouvais donner suffisamment de soutien et de réconfort à ces gens, leurs peurs s'évanouiraient et ils pourraient avancer. Mais j'avais tort de penser ainsi. Je n'ai pas du tout rendu service à ces gens puisque j'ai fait en sorte de rendre leur procrastination encore plus confortable. Certains d'entre eux ont hésité pendant des mois et même des années à prendre des risques cruciaux et ne les ont en fait jamais pris.

Aujourd'hui, la thérapeute présente et non dirigeante cède la place à un instructeur de parachutisme qui se tient près de la porte ouverte de l'avion et qui pousse méthodiquement ses étudiants terrifiés dans le vide. L'expérience m'a appris qu'une vie remplie de joie comporte aussi des peurs, que pour vivre dans la joie il faut suivre les désirs de son cœur en traversant les terreurs qui en émergent dans l'intention de vous retenir. Si vous ne le faites pas, votre vie sera menée par la peur plutôt que par l'amour. Et je peux vous assurer que votre vie sera étriquée en comparaison de ce que pourrait être votre véritable destinée.

Si vous sentez un mouvement de recul à l'idée que le risque soit un ingrédient obligatoire pour mener une vie remplie de joie, prenez en compte le fait que vivre pour éviter la peur est plus dangereux pour votre être véritable que vivre une vie pleine de risques. Une vis sans risque ne comporte pas toutes les récompenses qui se présentent seulement quand on ose se lancer, mais elle n'empêche pas non plus les malheurs d'arriver. Dans *Moby Dick*, Herman Melville décrit comment il rame dans une barque de baleinier tout en sachant que les cordes attachées aux harpons pourraient le précipiter vers la mort à tout moment. Il ajoute cependant qu'il ne se sentait pas plus en sécurité dans son salon car la mort pouvait frapper n'importe quand et n'importe où. Nous sommes tous entourés de ces cordes à baleines, dit-il, peu importe où nous nous trouvons. Le fait que nous nous sentions à l'aise ou mal à l'aise dépend plus de nos perceptions que des situations.

Si vous faites le test, vous découvrirez probablement que votre zone de confort est arbitraire et irrationnelle. C'est le cas de presque tout le monde. Vous connaissez peut-être quelqu'un qui est terrifié à l'idée de prendre l'avion mais qui se sent tout à fait à l'aise de rouler à 130 km à l'heure tout en mangeant, parlant au téléphone et en se rasant. Les personnes qui n'utilisent aucune protection lorsqu'elles font l'amour (disons pour briser la glace avec de nouvelles connaissances) sont souvent terrorisées à la pensée de dire « Je t'aime ». Certaines personnes prennent d'extrêmes précautions pour ne pas se faire attaquer par des étrangers mais retournent docilement chez elles, jour après jour, où elles savent qu'elles seront battues par leur conjoint. Ces gens, comme vous et moi, se sentent en sécurité dans des situations qu'ils croient être sécuritaires, même si elles sont mortellement dangereuses.

Prendre des risques qui peuvent vous permettre de réaliser vos rêves est la seule façon de mettre au défi les croyances pleines de peur qui vous ont toujours empêché de les réaliser jusqu'à maintenant. La prise de risques vous donne des preuves empiriques qui soutiennent ou qui réfutent les diverses hypothèses quant à la façon dont le monde fonctionne. Prendre des risques fait voler en éclats les limites imposées par la peur, ainsi que les contraintes qui vous empêchent de mener votre véritable vie. Je suis devenue très aguerrie à faire passer mes clients par la recette numéro 5 parce que, de façon bizarre, j'en suis venue à vraiment aimer prendre des risques moi-même. Le frisson de peur qui me traverse quand j'envisage mon aventure quotidienne précède parfois un désastre. Mais tout aussi souvent, je sens que j'acquiers plus de confiance, plus de discernement et plus de joie que jamais.

Plus je mets en pratique cette recette, meilleure je deviens à évaluer les risques qu'il vaut la peine que je prenne et ceux qui sont tout simplement stupides (et croyez-moi, j'ai eu mon lot de ces derniers). J'ai aussi appris comment rendre un risque aussi sécuritaire que possible, disons figurativement à me mettre un parachute sur le dos ou du moins un élastique à bungee, avant de sauter dans le vide. Dans le reste de ce chapitre, je vous dirai tout ce que je sais pour vous aider à réduire la peur que vous ressentez quand vous faites ce qu'il faut faire pour avoir la meilleure vie possible. Mais ne vous inquiétez pas, je ne peux pas éliminer complètement la peur. Après avoir lu tous les conseils que je vous donne, vous serez encore mort de peur. Comptez là-dessus.

COMMENT SÉLECTIONNER UN BON RISQUE

Contrairement à ce qu'on pense habituellement, un bon risque n'est pas nécessairement un risque qui conduit au succès. *Tout risque valant la peine d'être pris vaut la peine d'être pris, qu'il se solde par une réussite ou par un échec.* Le critère qui vous fait décider quels dangers affronter et quels dangers éviter n'émane pas de votre chance à réussir mais de la profondeur de votre désir. Si vous prenez des risques qui sont intimement liés aux souhaits de votre cœur, votre vie sera ce qu'elle doit être, peu importe l'issue d'une situation donnée. Si votre objectif n'est pas quelque chose que vous désirez vraiment, même un risque infime relève de la stupidité.

Martin Luther King Jr. a dit un jour que si on a peur de mourir, on n'est pas vraiment libre. Il a exactement fait ce que son cœur lui disait de faire, fonçant vers son rêve, et en est mort. Est-ce qu'il aurait pris les mêmes risques et posé des gestes si hardis s'il avait connu l'issue de la situation ? Vous me connaissez assez maintenant pour deviner ma réponse : je pense qu'il *connaissait* parfaitement la situation. Mais il savait aussi que suivre sa vérité était un plus petit risque que de continuer à jouer le subordonné obéissant dans une société injuste. Il aurait certes pu sauver sa vie, mais il aurait détruit son âme.

J'espère que vous et moi n'aurons jamais à faire face à des choix aussi difficiles. Par contre, je sais que la dynamique qui sous-tend la vie des martyrs est la même que celle qui sous-tend nos humbles choix. Allons-nous prendre la voie qui se met au service de nos véritables désirs ou allons-nous nous rendre aux exigences de la peur ? Une de mes clientes, Lora, une artiste de talent qui a récemment recommencé à peindre après des années d'inactivité, m'a raconté que chaque jour du Nouvel An depuis vingt ans alors qu'elle faisait la vaisselle, elle se disait : « L'année qui vient sera différente. Je ne peux pas vivre une autre année sans faire ce que j'aime. » Quand elle s'est remise à peindre, elle a eu l'impression de prendre un immense risque. Mais comme elle le dit : « Comment aurais-je pu perdre plus en essayant de peindre à nouveau que ce que je perdais en refusant d'essayer de le faire ? Qu'est-ce qu'il y a de sécuritaire à ne pas être ce que vous êtes censé être ? »

Quand vous envisagez de prendre un risque, essayez de répondre aux questions suivantes.

ÉVALUATION DES RISQUES

Quand vous envisagez de poser un geste qui vous fait peur, posez-vous les questions suivantes :

1. Est-ce que ce risque est absolument nécessaire pour réaliser les désirs de mon cœur ? Est-ce que je ressens une aspiration véritable pour ce que je recherche ?

2. La pensée de poser ce geste suscite-t-elle en moi une impression de clarté malgré mes appréhensions ? (Quand un risque est bon à prendre pour vous, vous ressentirez peut-être de l'appréhension mais peu ou pas de confusion.)

3. Est-ce que je ressens seulement de la peur ou également une impression de toxicité qui s'apparente à du dégoût ? (Soyez attentif. Un bon risque à prendre peut se comparer à un plongeon du haut tremplin dans une piscine limpide, alors qu'un mauvais risque à prendre s'apparente à un plongeon dans l'eau polluée d'un marécage.)

4. À la fin de mes jours, qu'est-ce que je regretterai le plus ? Avoir pris ce risque et avoir échoué ou ne pas l'avoir pris et ne jamais savoir si j'aurais réussi ou échoué ?

Le fait de répondre moi-même à ces questions m'a mise dans des situations qui semblaient risquées. J'ai commencé quand j'avais quatorze ans (âge où j'ai décidé de faire une fois par jour une chose qui me faisait peur) et je continue encore aujourd'hui dans cet avion qui m'emmène à San Francisco. À chacune de mes réussites correspondent bien des échecs. Mais je peux en toute honnêteté dire que je ne regrette pas un risque que j'ai pris pour aller dans le sens des désirs de mon cœur, que l'aboutissement de ma démarche ait été ce que j'espérais ou pas. Les regrets que j'ai concernent les fois où j'ai fait marche arrière et où je n'ai pas pris le risque que mon véritable moi me disait de prendre.

COMMENT RISQUER

Si vous avez une quelconque retenue face à la recette numéro 5, c'est probablement parce que vous avez peur. Je vous suggère de poursuivre quand même votre lecture en gardant l'esprit ouvert. Ainsi vous aurez mis la recette en application pour la journée. Voici en détail le processus qui vous deviendra familier quand vous aurez bien intégré cette recette à votre routine quotidienne.

Le risque – Étape 1 : Choisissez n'importe quel objectif qui vous fait peur

Commencez l'exercice en envisageant un geste à poser qui vous fait peur mais que vous avez besoin de poser pour pouvoir manifester un désir. Il pourrait s'agir de quelque chose que vous avez écrit pendant que vous mettiez en application la recette numéro 4 ou ce pourrait être quelque chose qui vous revient sans cesse à l'esprit comme par exemple « Il faut que j'affronte ma mère quand elle me critique » ou « Je veux trouver des amis qui me comprennent vraiment » ou « Je veux gagner plus d'argent ». Précisez le geste à poser, quelque chose que vous pourriez faire aujourd'hui et qui pourrait vous rapprocher des souhaits de votre cœur.

O.K. ? Allez-y, maintenant.

Non, attendez une minute ! C'était juste un exercice pour voir comment vous réagissez quand il s'agit de relever le défi et de passer à l'action pour concrétiser vos idées. Si vous étiez pétillant d'enthousiasme, comme un lévrier qui court après un lièvre, vous devrez choisir un geste à poser encore plus risqué. Si vous avez senti que vous pataugiez, que vous résistiez ou que vous hésitiez, ne serait-ce qu'un instant, vous êtes tombé sur une partie de vous-même qui bénéficiera de la recette numéro 5. Inscrivez ce qui en est dans l'encadré suivant.

UNE CHOSE RISQUÉE QUE JE POURRAIS FAIRE POUR CONCRÉTISER LES DÉSIRS DE MON CŒUR :

1.

2.

3.

4.

5.

Si vous avez des difficultés à cerner un risque intéressant, pensez à différentes catégories de danger. Presque tout le monde a plus de courage pour prendre certains risques que d'autres. Certains des risques suivants vous rendront probablement nerveux, même si la plupart ne le font pas. Vous ne voudrez pas vous jeter dans ces activités qui vous font peur juste pour dire que vous l'avez fait. Il vous suffit de cerner les peurs qui vous empêchent de réaliser vos désirs, même si réflexion, prudence et préparation efficaces pourraient vous permettre de les réaliser en toute sécurité.

GENRES DE RISQUE

CATÉGORIE	DESCRIPTION	EXEMPLES
Risque physique	Tout ce qui peut vous paraître dangereux physiquement	– Marcher dans un quartier mal famé – Éteindre les lumières – Toucher un scorpion
Risque émotionnel	Ressentir, exprimer ou exposer ses émotions	– Admettre ses peurs – Faire une demande en mariage – Faire un deuil
Risque professionnel	Tout risque ayant trait à votre travail	– Soumettre une proposition – Rédiger un *curriculum vitae* – Retourner aux études
Risque social	Toute situation où vous pouvez être jugé par d'autres personnes	– Donner une performance publique – Aller rencontrer quelqu'un que vous ne connaissez pas – Apprendre une nouvelle technique dans un groupe

Si vous ne savez pas quel risque prendre ou si vous êtes une de ces personnes qui prétend n'avoir aucune peur (ouais, c'est ça et moi je suis le Mahatma Gandhi), poussez-vous pour prendre un risque dans la catégorie avec laquelle vous vous sentez *le moins* à l'aise. Ici encore, ne risquez pas votre vie, ni de perdre un bras ou une jambe juste pour dire que vous l'avez fait. Assurez-vous que votre risque est nécessaire, prenez toutes les précautions possibles et allez-y graduellement.

Le risque – Étape 2 : Prenez le plus petit risque possible qui vous fait peur

Un jour, une de mes clientes, Paulette, accompagnait Henry, en vacances de ski. Paulette a un problème d'anxiété et ne s'est jamais sentie à l'aise dans des situations où il y avait des risques de danger physique. Son mari estimait que son malaise en ski était très drôle et un jour, il a emmené sa femme, sans qu'elle le sache, sur une piste pour experts avec des zones glacées, des abrupts terribles, des falaises et des bosquets. Il a fallu une heure et demie à Paulette pour revenir à la station, où elle a annoncé à son mari qu'elle voulait divorcer. Et elle l'a fait.

Ce que je veux dire en racontant cette histoire, c'est qu'il vaut mieux servir le danger à petites doses. Les recherches faites sur les phobies, ainsi que le bon sens, nous disent que nos peurs nous lâchent quand nous sommes exposés à des risques graduels. Si vous avez une peur panique des chauve-souris, par exemple, un bon psychologue ne vous balancerait pas comme ça dans une grotte au crépuscule en espérant que tout se passera pour le mieux. Il vous ferait d'abord asseoir dans une salle bien éclairée et vous ferait parler des chauve-souris pendant un moment. Avec le temps, vous vous déconditionneriez au stimulus, c'est-à-dire que la discussion au sujet des chauve-souris vous ennuierait plutôt qu'elle ne vous terroriserait. Puis, le spécialiste vous montrerait des dessins de chauve-souris, et ce, jusqu'à ce que vous vous sentiez à l'aise de les regarder. Ensuite, il sortirait peut-être des photographies de chauve-souris, puis peut-être une chauve-souris morte, une chauve-souris dans une cage, cinq chauve-souris dans une vitrine d'exposition, soixante chauve-souris dans un jardin zoologique, etc. Avec le temps, vous vous baladeriez parmi des hordes de ces mammifères volants, peut-être pas avec une totale indifférence, mais du moins sans une peur qui paralyse.

Pour que la recette numéro 5 fonctionne le mieux, vous devriez subdiviser le geste apeurant à poser en tout petits gestes. Le plus souvent, je le fais en rédigeant quelques paragraphes censément destinés à être publiés ou, pire, en vérifiant mes messages électroniques, qui semblent toujours contenir un million de demandes embrouillantes. Aujourd'hui, comme je l'ai mentionné, c'est une exception puisque le petit geste à poser pour satisfaire le désir de mon cœur était quelque chose d'assez gros. (J'ai maintenant atterri à San Francisco et suis arrivée à mon hôtel. Je vous tiendrai au courant de la suite des événements.) Il y aura des jours où, vous aussi, vous devrez faire un saut quantique plutôt qu'un petit pas. Mais tenez-vous-en au plus petit pas possible.

QUELQUES RISQUES GRADUELS (PETITS PAS) QUE JE POURRAIS PRENDRE POUR RÉALISER MES DÉSIRS :

1.

2.

3.

4.

5.

Le risque – Étape 3 : Faites que reculer soit aussi difficile qu'avancer

Les gestes à poser que vous venez d'énumérer ci-haut sont le genre de gestes que vous devriez effectivement poser. Posez-en au moins un aujourd'hui. Si vous convenez de la chose mais que vous manquez de motivation pour passer à travers votre résistance, essayez ce petit truc vilain mais efficace. J'aime m'en servir et le faire utiliser par mes clients. Il faut envisager un objectif à partir de la sécurité d'un fauteuil (figuratif ou littéral), tout en créant une structure qui mettra votre moi futur entre l'arbre et l'écorce. Ce qui rendra la retraite devant le risque aussi désagréable que la prise de risques.

Pour bien des gens, la structure la plus efficace est la pression des pairs. Par exemple, quand j'avais dix-huit ans et que j'étais à l'université, durant un cours de chinois et dans le cadre de notre apprentissage de cette langue, j'ai dû essayer de dire aux autres que j'avais l'intention de faire une course de cinq kilomètres. Malheureusement, mon vocabulaire très limité et mon affreuse prononciation ont convaincu mon professeur que j'allais faire le marathon de Boston. Je n'avais pas la moindre idée de la façon de me tirer de cette impasse. Alors, j'ai souri et j'ai acquiescé de la tête pendant que les autres approuvaient avec moultes démonstrations. J'étais coincée. Au cours des mois suivants, quand le temps était maussade, mes jambes, fatiguées, et que je ne voulais pas m'entraîner, je revoyais dans mon esprit les visages des étudiants et des professeurs, aussi déçus que des enfants que le Père Noël aurait laissés tomber. Je savais pourtant, sur un plan intellectuel, qu'aucune de ces personnes ne se préoccupait réellement du fait que je finisse ou pas le marathon. Néanmoins, plus souvent que j'ai pensé à compter, la pensée de les décevoir m'a tourmentée à tel point que je finissais par lacer mes chaussures et à me mettre à courir. En fait, j'ai bel et bien fini le marathon cette année-là.

S'engager envers un groupe est probablement la façon la plus puissante de mettre la recette numéro 5 au menu. Plus il y a de gens qui sont au courant de votre démarche, mieux c'est. Gardez cependant à l'esprit que déclarer vos intentions à un ami proche est en fait moins motivant que de les déclarer à des étrangers, comme je l'ai fait dans mon cours de chinois. La raison à cela, c'est que plus une personne sera portée à vous comprendre et à vous pardonner, plus il vous sera aisé de vous défiler parce que vous savez que votre ami passera l'éponge. Je ne dis pas que c'est psychologiquement sain, je dis que ça fonctionne.

Un autre facteur très motivant est l'argent. Je faisais souvent du bénévolat en m'occupant gratuitement des clients qui étaient sans travail, jusqu'à ce que je réalise que ces gens ne bénéficiaient jamais beaucoup de mes conseils. Ceux qui me payaient bien étaient beaucoup plus sérieux parce qu'ils voulaient en avoir pour leur argent.

Vous pouvez devenir votre propre conseiller en dépensant de l'argent pour prendre les risques que vous avez identifiés. J'ai travaillé un jour avec un écrivain de grand talent, Mary, qui avait passé toute sa vie à réviser les écrits des autres. Elle voulait être romancière, mais son anxiété l'avait réduite à écrire seulement quelques paragraphes décousus. Au cours d'une de nos rencontres, j'ai traîné Mary dans une boutique qui ne vendait rien d'autre que des fournitures très chères. Elle avait comme consigne de dépenser une somme totalement astronomique pour un stylo très spécial dont elle ne se servirait que pour écrire son roman. Comme elle avait déboursé autant d'argent, Mary se sentait aussi nerveuse et coupable de ne pas écrire que de se retrouver devant une page blanche. Même moi j'ai ressenti un peu d'anxiété quand Mary a déboursé plusieurs centaines de dollars pour ce stylo. Mais j'ai senti avoir bien fait quand, quelques mois plus tard, le facteur m'a livré plusieurs pages merveilleusement écrites de son premier roman.

Quant à ma version d'aujourd'hui de la recette numéro 5, elle a été coulée dans le béton dès que j'eus donné mon numéro de carte de crédit à la compagnie d'aviation pour payer mon billet vers San Francisco. Dépenser cet argent voulait dire monter dans l'avion, même si Isabella ne donnait pas suite au message désinvolte (« Comment ça va ? ») laissé sur sa boîte vocale. Il est maintenant minuit et elle ne m'a pas rappelée. De toute évidence, elle préfère ne pas avoir affaire à moi, même si ce n'est qu'au téléphone. Ma mission d'aide est devenue une bien futile intrusion. Je planifie me tirer une balle dans la tête dès que mes enfants seront grands.

Le risque – Étape 4 : N'ayez pas peur d'avoir peur

Comme vous pouvez le constater, j'ai tendance à devenir un peu hystérique quand je suis en plein dans la recette numéro 5, surtout si le petit risque a pris des proportions énormes. Mais ça ira bien parce que la peur ne m'effraie plus autant qu'avant. Je ne blague pas. La peur est doublement dommageable si vous avez peur de la ressentir. Vous avez une réaction initiale à ce qui vous fait peur et une résistance supplémentaire s'ajoute à cette peur. Cela fait augmenter votre niveau d'anxiété et crée davantage de résistance. Comme tous ceux qui ont eu des crises de panique vous le diront, il faut seulement quelques secondes pour que ce cycle d'autorenforcement devienne une terreur qui vous paralyse totalement.

La façon d'améliorer le problème, ou même d'y mettre fin, c'est d'arrêter de résister à la peur. Acceptez le fait que vous aurez souvent peur dans votre vie et décidez que vous êtes disposé à faire l'expérience de cette émotion, même si ce n'est pas agréable. Quand la panique ou l'anxiété se pointe, cela aide de vous raisonner. Je veux dire vous parler tout haut, si c'est possible. Dites-vous des choses comme : « Tu as peur, mais ça va aller » ou « Ce n'est que de la peur, ça ne me tuera pas ». Je suis toujours surprise de constater à quel point cet exercice localise la sensation de peur, surtout si je compare ça au fait de laisser la peur se généraliser et devenir de la terreur pure.

Lao Tseu a écrit : « Soyez comme les forces de la nature : quand il vente, ce n'est que du vent ; quand il pleut, ce n'est que de la pluie ; quand les nuages passent, le soleil réapparaît. » Je me suis rappelé ces pensées de Lao Tseu en automne 1987 lorsque l'ouragan Gloria s'est rendu jusqu'au Massachusetts le long de la côte Est, c'est-à-dire jusque chez moi. C'était une journée sinistre. Le ciel couvert est devenu d'une étrange couleur jaune bile et tous les gens qui étaient au travail d'habitude s'étaient retrouvés chez eux derrière des fenêtres barricadées pour attendre la tempête. Tôt dans l'après-midi, le vent a commencé à souffler, à vrombir, puis à hurler. Je l'ai observé arracher le recouvrement d'aluminium de la maison d'en face comme on pèle une orange. Et puis, l'ouragan s'est éloigné. Aussi simple que ça. C'est comme ça qu'est la peur quand on ne se bat pas contre elle. C'est désagréable au possible, mais pas autant que de subir le contrecoup de la résistance.

Le risque – Étape 5 : Entrez dans la gueule du monstre

Milarepa, un des grands héros du bouddhisme tibétain, a autrefois rencontré une horde de démons voués à le rendre fou de peur. Certains de ces démons, il les a chassés. D'autres, il les a apprivoisés grâce à une immense compassion. Mais le plus gros, le plus laid et le plus méchant de tous les monstres ne voulait rien entendre, du moins jusqu'à ce que Milarepa, agissant à partir d'une profonde intuition, entre dans sa gueule et s'y couche. Au moment où il avala Milarepa, le monstre disparut et Milarepa atteignit l'éveil.

Quand vous envisagez de prendre un risque qui est nécessaire pour réaliser un grand désir du cœur, il y aura des occasions où les seules options seront de vivre avec un esprit démoniaque (le fantôme d'un espoir qui ne veut pas vous quitter ni mourir) ou de foncer directement vers ce qui vous terrifie le plus. Après avoir fait cela plusieurs fois, vous reconnaîtrez ce genre de situation plus rapidement et vous avancerez vers le monstre avec moins d'incertitude. Bien sûr, vous aurez encore peur. Si vous faites quelque chose de vraiment important, vous aurez peur au-delà du possible. Mais vous sentirez également l'envie de continuer, peur ou pas peur. Vous découvrirez que vous pouvez suivre ce sentiment intérieur délicat pour entreprendre les pires démarches et, alors que la terreur détruit la personne que vous étiez auparavant, une autre personne plus forte et plus courageuse apparaît. L'objectif de la recette numéro 5, c'est d'apprendre que vous laisser avaler tout rond par ce qui vous fait peur vous transforme étrangement et magiquement.

HEURES SUPPLÉMENTAIRES POUR LA RECETTE NUMÉRO 5

Cela fait plusieurs jours que je suis arrivée à San Francisco, la tête pleine d'illusions. Ce soir-là, je me suis couchée à deux heures du matin après n'avoir pas pu rejoindre Isabella, embarrassée au plus haut point d'avoir gaspillé mon temps et mon argent pour proposer du soutien à quelqu'un qui n'en voulait pas. Mais alors que je venais à peine d'éteindre la lampe, mon cellulaire s'est mis à sonner. C'était Isabella. Elle s'était réveillée en plein milieu de la nuit avec une phrase en tête : « Martha est à San Francisco. » Je me suis précipitée chez elle, lui offrant ma présence rassurante pour dormir et se sentir en sécurité.

Les résultats des tests d'Isabella viennent juste d'arriver : les terribles symptômes n'étaient pas causés par le cancer, mais par une sérieuse infection bactérienne. J'espère que ma petite aventure a aidé mon amie à comprendre qu'elle ne sera jamais seule au monde. Quel qu'ait été l'effet de mon voyage sur elle, il s'est avéré un grand bienfait pour moi. En ce moment, je n'ai pas le regret que j'aurais eu, j'en suis certaine, si j'avais simplement passé la soirée à imaginer comment Isabella se sentait à la perspective de passer cette nuit-là toute seule, à affronter l'obscurité, les souvenirs de sa mère décédée et un avenir incertain.

Alors cette version de la recette numéro 5 s'est bien terminée. Mais là n'est pas la question. La question, c'est que le fait d'avoir suivi mon véritable désir au lieu de suivre la peur ou les conventions sociales, me fait sentir plus entière, plus moi-même, que si j'avais reculé. Pour le meilleur ou pour le pire, les diverses manifestations de la recette numéro 5 vous enseignent toujours quelque chose d'utile : soit que le monde est plus sécuritaire que vous ne pensiez, soit que vous pouvez avoir des déceptions et y survivre.

Oscar Wilde a écrit un jour à un ami que « les cœurs sont faits pour être brisés ». Chaque fois que j'ai inclus cette citation dans des articles, une vingtaine en tout, les rédacteurs en chef l'ont toujours éliminée. Il semblerait que cela ne soit pas bon pour les ventes de magazines. Mais ce que Wilde voulait dire, ce n'est pas que nous serons toujours triste, mais que nous risquons de nous faire briser le cœur quand nous suivons l'amour plutôt que la peur. Cependant, cela nous fait grandir et non pas dépérir. Refouler nos désirs les plus profonds nous déchire le cœur à un point tel qu'il ne pourra peut-être jamais s'en remettre. Alors que de prendre le risque de nous faire briser le cœur dans l'intention de réaliser nos désirs nous rend en fait plus fort. Le cœur est un muscle et, ainsi que tout haltérophile le sait, les muscles se renforcent et se développent quand on les blesse un peu puis qu'on les laisse se régénérer. Ne vous y méprenez pas : quand vous prenez des risques, il y a de grandes chances pour que votre cœur se fasse blesser. Mais il sera plus fort après. Refuser de prendre des risques, c'est comme permettre à un muscle de s'atrophier. Ça ne fait pas mal, mais quand le muscle ne peut pas remplir sa tâche, il perd toute sa force. La sorte de déchirement du cœur qui survient quand on risque gros pour réaliser ses rêves n'est pas en fait l'opposé de la joie, mais une de ses composantes.

AUTRES AVENTURES

Si vous mettez la recette numéro 5 au menu chaque jour, les murs de peur qui vous encerclent reculeront de plus en plus. Vous vous sentirez plus dégagé en général et vous réaliserez davantage vos désirs. Vous vous débarrasserez de votre peur des petits risques qui dérangeaient auparavant vos choix, et les choses que vous pensiez totalement irréalisables deviendront possibles. Avec le temps, vous découvrirez que vous avez beaucoup repoussé vos limites pour répondre aux exigences de la recette numéro 5, parce qu'il vous sera de plus en plus difficile de trouver des choses qui vous font peur.

Par exemple, Steve, un de mes clients, a décidé de mettre cette technique en pratique pour sa peur des hauteurs qui, même si elle n'était pas catastrophique, était suffisamment importante pour lui faire éviter de se tenir sur des balcons ou de conduire sur des routes de montagnes. Il a pris un gros risque en s'inscrivant à un cours d'escalade dispensé par un magasin d'articles de sport. La première fois qu'il a escaladé la structure, Steve est arrivé à cinq mètres de hauteur, a paniqué, a figé et est tombé. Son harnais de sécurité l'a retenu et son instructeur l'a fait redescendre au sol. De façon paradoxale, cette expérience a commencé à lui donner confiance en son équipement et, la fois suivante où il a repris l'escalade, il est arrivé jusqu'en haut du mur. Il a répété l'expérience pendant plusieurs weekends et il s'est mis à vraiment aimer ça. À adorer ça, je devrais dire. La petite décharge d'adrénaline que Steve ressentait des restes de sa peur rendait l'expérience très excitante. Pour sentir qu'il prenait vraiment un risque, il a dû à un moment se mettre à faire de l'escalade en plein air, à commencer par de petits rochers, puis de très gros rochers et ensuite de vraies montagnes. Steve a toujours peur des hauteurs. Mais nous parlons maintenant de hauteurs de trois cents mètres ou plus, de hauteurs qui feraient tomber certaines personnes dans le coma. De plus, il s'est tellement habitué à défier ses peurs que, lorsqu'il s'apprête à escalader une voie difficile, il hausse les épaules et y va, avec prudence et détermination, même si la peur est là.

La recette numéro 5 n'éliminera pas la peur de votre vie. Rien ne peut y arriver. Mais prendre un risque quotidien peut transformer un tourment en un bienfait. Ce geste élargira vos horizons, augmentera votre confiance en vous et améliorera vos relations, vos accomplissements et votre bonheur à un point tel que, avec le temps, vous rechercherez le frisson d'appréhension qui vous dit que vous avez atteint les limites de votre zone de confort. Vous serez satisfait d'atteindre la frontière entre la hardiesse et la peur parce que vous saurez d'expérience que c'est justement là que la magie opère.

RECETTE NUMÉRO 5 : LE RISQUE
EXIGENCES QUOTIDIENNES MINIMALES

Au moins une fois par jour :

1. *Choisissez n'importe quel objectif qui vous fait peur.* Nommez un geste que vous avez trouvé qui vous permettra de réaliser un désir. Assurez-vous que c'est ce que vous voulez vraiment et que cela vous fait vraiment peur.

2. *Prenez le plus petit risque possible qui vous fait peur.* Est-ce que le geste que vous voulez poser peut se scinder en plusieurs éléments ? Déterminez le plus petit geste que vous pouvez poser.

3. *Faites que reculer soit aussi difficile qu'avancer.* Engagez fierté, temps ou argent pour atteindre votre but ultime. Annoncez publiquement votre objectif autant que vous le pouvez.

4. *N'ayez pas peur d'avoir peur.* Acceptez que vous aurez peur quand vous poserez ce geste. Calmez-vous en vous parlant tout haut.

5. *Entrez dans la gueule du monstre.* Comme Eleanor Roosevelt l'a dit, « Vous devez faire ce que vous pensez ne pas pouvoir faire. » Prenez une grande inspiration et faites le saut.

RECETTE NUMÉRO 6

Les récompenses

Chaque jour, donnez-vous au moins trois bonnes récompenses :
une pour chaque risque que vous prenez
et deux simplement parce que vous êtes vous-même.
Aucune exception et aucune excuse acceptées.

O ui, c'est vrai qu'on peut apprendre à un cochon à pousser un chariot de supermarché. Vous n'avez même pas besoin de lui montrer comment il faut faire.

J'ai appris cette bonne nouvelle un jour où je lisais un livre de psychologie où figurait une photo d'un cochon en train de pousser un chariot, les pattes délicatement posées sur la barre et les petits yeux marrons remplis d'espoir. L'espoir était en effet dans ses yeux parce qu'il avait faim et que les chercheurs qui l'avaient enfermé dans une pièce avec le chariot lui envoyaient des trucs à manger... mais seulement quand il faisait certaines choses. Au début, ils lui donnaient une récompense chaque fois qu'il s'aventurait près du chariot. Ensuite, ils s'arrêtèrent jusqu'à ce que le cochon finisse par toucher le chariot avec une partie de son corps. Après un certain temps, le cochon ne recevait de récompense que lorsque ses pattes avant étaient posées sur le chariot, puis sur la barre du chariot. À la fin, en faisant du renforcement positif suite à certains comportements, les chercheurs réussirent à faire trotter le cochon dans la pièce alors qu'il poussait son chariot devant lui tout comme n'importe quel client d'un supermarché.

Appartenant à une école de psychologie appelée le behaviorisme, ces chercheurs vérifiaient en fait une grande hypothèse très simple posée par le fondateur de cette école, B. F. Skinner : tout animal répétera des comportements qui sont renforcés positivement (c'est-à-dire associés à une gratification ou récompense quelconque) et évitera des comportements qui sont renforcés négativement (c'est-à-dire associés à de la douleur, une punition ou un malaise). Bien que je trouve le behaviorisme un peu trop simpliste pour pouvoir expliquer les subtilités de la psychologie humaine, ses prémisses sont valables et vous allez vous en servir.

Ce chapitre explique comment vous pouvez littéralement vous «entraîner» à réaliser le meilleur de votre vie à l'aide de récompenses. Cette recette numéro 6 vous permettra de cerner les récompenses qui représentent les renforcements les plus puissants pour vous et les mettre à profit afin de modifier profondément votre comportement quotidien. En vous lançant à vous-même ces récompenses très motivantes, vous apprendrez à pousser le chariot de votre vie le long de l'allée de la destinée, sans vous préoccuper de la roue droite défectueuse des habitudes autodestructrices ou du bruit métallique des mauvaises relations, tout en sélectionnant les produits joliment emballés de votre expérience.

POURQUOI LES RÉCOMPENSES SONT NÉCESSAIRES

La plupart des recettes figurant au menu de la joie sont agréables. Cependant, la recette numéro 5, le risque, peut vous fatiguer physiquement et psychologiquement, car elle est souvent liée au danger, à l'échec, à la déception et à la peur, qui sont tous des stimuli très négatifs. Bien entendu, comme vous réussirez à réaliser les désirs de votre cœur et qu'il s'agit de quelque chose de très positif, cela suffira pour vous permettre de traverser les grandes difficultés. Même si un seul rêve se réalisait, tous les risques sembleraient triviaux. C'est comme payer un dollar quand le gros lot est de cent millions de dollars. Mais le succès peut ne pas arriver tout de suite ni souvent. C'est pour cette raison que je pense qu'on ne peut pas différer le moment des récompenses jusqu'à ce que ce grand événement se produise. L'ennui s'installe et ça ne fonctionne tout simplement pas.

Par exemple, je sais depuis plusieurs dizaines d'années que réduire mon alimentation à la consommation de légumes biologiques et faire de l'exercice avec assiduité ferait de moi quelqu'un plus en santé, plus intelligente, plus belle et plus appréciée des gens. Mais pensez-vous que cela m'ait empêché de manger six gros biscuits au chocolat ce matin avant neuf heures? Absolument pas. Suivez mon raisonnement. «Pensons peu, mais pensons bien! D'un côté, il y a ma santé. De l'autre, les biscuits. Santé, biscuits. Biscuits, santé. Santé… BISCUIIIIIIITS!» Bref, je pense comme le cochon des chercheurs : mon comportement, même s'il est quelque peu modifié par la planification à long terme, est fortement motivé par les récompenses immédiates.

C'est compréhensible quand vous considérez le fait que je suis effectivement un animal. Et sans vouloir vous insulter, vous aussi vous êtes un animal. Votre corps, cerveau y compris, est doté d'une programmation innée qui lui fait chercher des récompenses à court terme qui peuvent ne pas forcément vous amener vers des objectifs à long terme. Si on les compare aux animaux, il faut reconnaître que les humains sont particulièrement experts à repousser la gratification, mais comme toutes les créatures testées par nos amis behavioristes, nous nous lassons d'accomplir des choses qui n'apportent aucune gratification apparente. Si vous avez lu mon dernier livre, vous savez déjà que je recommande aux gens de se pousser à faire des choses désagréables mais nécessaires. Dans *La joie au menu*, je vous demande de mettre cette stratégie en œuvre et de mener une campagne bien orchestrée de renforcement positif. L'idée, c'est de bien ancrer des comportements et d'en faire des réactions spontanées pour qu'ils deviennent automatiques et que vous n'ayez pas trop à y penser.

Par exemple, mon beagle, dont le nom est Cookie pour aller de pair avec l'obsession de la famille pour les biscuits, reçoit une petite récompense spéciale chaque jour vers quatre heures. Dans une vaine tentative de garder nos tapis propres, nous demandons toujours à Cookie de manger ses croquettes-récompenses sur un tapis particulier qui comporte un dessin chargé et qui (théoriquement) ne laisse pas voir les taches. Comme Cookie n'a aucune idée du concept de propreté des tapis, il a pendant longtemps paru confus du fait que nous lui demandions de manger à un endroit spécial. Mais, après un certain temps cependant, il s'est tellement habitué à manger ses petites récompenses à cet endroit, qu'il se sent dorénavant mal à l'aise de les manger ailleurs, ou encore de s'éloigner trop loin du tapis au moment du souper. L'autre jour, quand nous avons apporté le tapis chez le nettoyeur, Cookie est presque tombé dans les pommes.

Les risques, les corvées et les difficultés que vous devez affronter pour réaliser vos rêves sont comparables au tapis que l'on peut salir. Ils peuvent vous paraître étranges ou même repoussants au début, mais une fois que vous les avez associés de façon répétée avec quelque chose qui vous motive fortement, ils vous paraîtront agréables, sympathiques et même indispensables. Comme les récompenses sont la seule façon de susciter cet effet d'entraînement, ce livre se sert de cette stratégie pour que vous vous récompensiez immédiatement après avoir pris un risque quotidien. Mais les récompenses ont également une autre fonction importante : elles procurent une gratification régulière à court terme qui encourage la confiance et le bonheur de l'animal bien intentionné qu'est votre corps. Vous donner deux récompenses par jour, que vous ayez fait ou non quelque chose pour cela, fait fondamentalement partie de la stratégie de *La joie au menu*. Je suis si déterminée en ce qui concerne les récompenses, que je renvoie ceux de mes clients qui ne s'engagent pas à se récompenser.

COMMENT BIEN VOUS RÉCOMPENSER

J'ai déjà mentionné que les récompenses que vous vous donnez devraient être personnalisées. Le genre de récompenses qui vous motivent le plus est propre à votre profil physiologique et à votre personnalité. Ce qui est une récompense pour l'un, peut s'avérer une punition pour l'autre. Par exemple, vous serez aux anges si quelqu'un vous offrait un voyage à Las Vegas alors que je préférerais être dévorée par des loups. La première étape de la recette numéro 6 consiste donc à dresser une liste des petits plaisirs, juste de tout petits plaisirs, qui correspondent à vos goûts.

Je suis toujours étonnée de constater la difficulté des gens à dresser cette liste. Quand je demande à mes clients de dresser la liste de leurs petites récompenses préférées, la plupart me regardent avec des yeux de merlans frits. Nombre d'entre eux ne réussissent même pas à en trouver une. En général, plus les gens sont performants, plus je dois prendre mon temps pour expliquer patiemment le sens fondamental et les caractéristiques de ces mystérieuses choses que j'appelle des récompenses. Comme vous lisez un livre qui s'appuie sur le développement personnel, je vais prendre pour acquis que vous faites partie du Club des performants et commencer au commencement. Voici la définition que je donne au terme récompense dans le cadre de *La joie au menu*, définition qui pourra ou ne pourra pas correspondre à celle que vous lui donnez habituellement.

DÉFINITION DU TERME RÉCOMPENSE

Récompense : tout ce qui vous donne envie de sourire.

Certaines personnes sont toutes surprises quand je leur donne cette définition, surtout en raison de l'accent mis sur le sourire. J'ai commencé à me servir du sourire à partir du moment où j'ai lu un livre du moine activiste Thich Nhat Hanh, dans lequel il parle beaucoup du sourire et où il avance que « Si un enfant sourit, si un adulte sourit, c'est très important ». La plupart de mes clients n'y croient pas. Après tout, disent-ils, la plupart des humains sourient des centaines de fois par jour pour une foule de raisons (et nous ne sommes pas les seuls à sourire ; Cookie est en train de me sourire en ce moment, ce qui me laisse penser qu'il prépare un coup). C'est exact. Nous nous sommes tellement habitués à machinalement découvrir nos dents par respect de la bienséance sociale ou par convenance, que nos sourires sont devenus aussi insignifiants que des caresses de prostituées.

Donc, ce genre de sourire social est très différent d'un sourire spontané. Un sourire vrai, à l'instar d'un éternuement ou d'un bâillement, naît de lui-même et n'est pas totalement sous votre contrôle. Il est accompagné d'une certaine sensation intérieure, qui est différente pour chacun de nous mais qu'on ne peut pas ne pas reconnaître quand on la ressent. Dans votre cas, il pourra s'agir d'une sensation de plaisir effervescent, d'une tendance à chantonner ou d'un petit sursaut au cœur. Il est possible que vous ne souriiez pas tout le temps quand vous sentez cette sensation, mais peu importe. Par contre, le sourire peut s'avérer une petite violation de votre être véritable.

Vous ne me croyez pas ! Essayez ce que je vais vous dire maintenant. Faites un beau grand sourire, tout de suite. Comment vous sentez-vous ? Si vous étiez déjà de bonne humeur, vous le serez encore plus. Si vous étiez de mauvaise humeur ou triste, par contre, vous aurez probablement l'impression que ce sourire est non seulement un effort, mais aussi une trahison. Remémorez-vous une situation où vous avez senti l'obligation de sourire même si vous étiez triste ou souffrant, et il vous reviendra un profond sentiment de violation. Le sourire est quelque chose de sérieux pour notre corps et notre cœur. Pour le mettre en pratique, vous devez faire preuve de respect.

Les récompenses – Étape 1 : Dressez la liste des déclencheurs de sourire spontané

Le premier ingrédient de la recette numéro 6 consiste à simplement observer votre sourire pendant un jour ou deux. Ne faites aucun effort et ne contrôlez rien. Contentez-vous d'observer. Sentez-vous ce qui se passe quand un sourire vous vient (que cela se voit sur vos lèvres ou pas) ? Est-ce que vos sourires sont calculés pour avoir de l'effet sur le plan social ou vos sourires sont-ils rayonnants de spontanéité même quand ils ne vous rapportent rien ? Vos sourires vous semblent-ils différents quand vous trouvez quelque chose drôle, quand vous aimez quelqu'un ou quand vous réussissez quelque chose ? Mais, la chose la plus importante, quand sentez-vous une tendance spontanée à sourire ? Vos sourires spontanés sont-ils éphémères et brefs ou s'éternisent-ils sur votre visage ?

Si vous découvrez que vous n'avez jamais envie de sourire, ce n'est pas seulement de ce livre dont vous avez besoin, mais d'aide thérapeutique. Je ne plaisante pas. Allez voir un thérapeute pour vérifier quel déséquilibre chimique ou social vous vide de votre joie intérieure. Il se peut que vous soyez déprimé. Si vous refusez d'entreprendre une thérapie ou de vous faire traiter médicalement pour une dépression, c'est comme si vous vous plantiez un crayon dans l'œil. Allez chercher de l'aide immédiatement.

Si vous n'êtes pas déprimé, quelques heures d'observation vous suffiront pour dresser la liste des événements, situations, personnes et objets qui éveillent une sensation intérieure (et peut-être extérieure) de sourire. Écrivez tout ce dont vous vous rappelez, sur votre propre cahier ou ci-dessous. Trouvez au moins dix exemples pour commencer. Si vous n'en trouvez pas autant, changez d'activités pendant quelques jours et observez ce qui vous porte à sourire.

DÉCLENCHEURS DE SOURIRE

Certaines des choses qui me font sourire
spontanément sont :

1.

2.

3.

4.

5.

6.

7.

8.

9.

10.

Si vous avez été sérieux dans votre observation et que votre liste est encore courte, c'est que vous vous êtes peut-être privé de récompenses depuis trop longtemps. Bien des gens qui viennent tout juste de commencer cette étape ont tendance à trouver un ou deux éléments bien connus d'eux, synonymes de luxe ou d'indulgence. Font partie de ces récompenses, des choses que vous trouverez dans tous les magazines féminins de la planète : un massage, un bain chaud, des bougies, un pédicure, etc. Il n'y a rien de mal à tout cela – j'adore tout ça personnellement – mais si ce sont là les seules choses qui vous font sourire, vous n'avez pas encore commencé à récompenser le cochon plein d'espoir en vous qui attend, qui espère une récompense vraie et sur mesure. Il est grand temps d'écouter le porcin qui sommeille en vous.

Les récompenses – Étape 2 : Gâtez votre petit animal intérieur

Dans son poème intitulé «Oies sauvages», Mary Oliver écrit : « Il suffit que vous laissiez le doux animal de votre corps aimer ce qu'il aime. »

Si vous êtes à l'image de tous les gens dits civilisés, cette image peut vous choquer. Il ne vous est probablement pas habituel de considérer votre corps comme un doux animal, et encore moins de le laisser aimer ce qu'il aime. Mes clients ont tendance à se braquer et deviennent très cérébraux quand on leur dit de récompenser leur côté animal. Quand je leur demande «Qu'est-ce qui vous ferait du bien ?», ils me répondent «Je pense que ce serait chouette de voir davantage de films étrangers» ou «Je devrais peut-être faire plus d'exercice». Il s'agit de pensées, pas de sensations. Et ces pensées proviennent du commandant en chef Nazi du superego, pas du bohémien charnel et animal qui vous permet de vivre aussi bien des expériences de plaisir que de souffrance. Si le fait de voir des films étrangers ou de vous entraîner vous fait sentir si bien que vous souriez plus, alors vous pourrez mettre ces choses sur votre liste.

Entre-temps, essayez de graisser les rouages de votre détecteur de récompenses en mettant vos cinq sens à contribution et en nommant les choses qui enchantent chacun de ces sens. Mettez-vous-y tout de suite.

RÉPERTOIRE DES PLAISIRS SENSORIELS

Complétez chaque affirmation en énumérant cinq choses
qui vous procurent un plaisir sensoriel.

1. J'adore le goût de :   a.

    b.

    c.

    d.

    e.

2. J'adore la vue de :   a.

    b.

    c.

    d.

    e.

3. J'adore le toucher de :   a.

    b.

    c.

    d.

    e.

4. J'adore l'odeur de :   a.

    b.

    c.

    d.

    e.

5. J'adore le son de :   a.

    b.

    c.

    d.

    e.

Vous découvrirez probablement que vos sens se régalent de choses rares et chères, comme le champagne ou des vacances de luxe. Mais tous mes clients ont toujours mentionné que leur animal intérieur aimait aussi des choses simples et gratuites : la lumière qui passe à travers les volets au coucher du soleil, le ronronnement du chat, la sensation d'être allongé et de sentir tous ses muscles relaxer d'un coup. Votre mental vous dira probablement que même ces choses – et peut-être tout particulièrement ces choses – sont encore trop « chères », qu'elles exigent du temps et de l'attention, choses dont vous ne disposez pas, nom de Dieu ! Si de telles pensées vous viennent, examinez-les attentivement. Observez l'énergie que vous ressentez quand ces pensées vous viennent. Il s'agit probablement d'une énergie de critique, de jugement et de tension (vous rappelez-vous les signes qui annoncent un faux désir ?). Tout cela veut dire que vous êtes en guerre contre votre animal intérieur, et ce, depuis des années. Mais ce que vous ne réalisez peut-être pas, c'est que votre animal rétorque et qu'il remporte habituellement la bataille. Prenez quelques minutes trois fois par jour pour le gâter et vous verrez que vos forces profondes, tant du corps que de l'esprit, se mettront à l'œuvre pour vous de façons que vous n'avez jamais connues.

Je raconte tout ça aux gens depuis des années, mais quand ça m'arrive, je suis toujours prise d'une étrange sensation. Par exemple, l'autre jour, je suis partie avec mon ordinateur portable sous le bras avec l'idée de m'installer dans un café et d'écrire un article que je ne réussissais pas à pondre malgré tous mes efforts. Rendue à mi-chemin, je me suis retrouvée dans la mauvaise rue et roulant dans la direction opposée. Je n'avais plus le contrôle : quelle étrange sensation ! Même si je savais où ma voiture se dirigeait, c'est-à-dire vers le plus gros fournisseur de matériel pour artistes de Phoenix.

Sachez que je me délecte plus sensoriellement des couleurs et des textures des fournitures d'art que de n'importe quoi d'autre sur la terre. Pourtant cela faisait des années que je n'avais plus envisagé en acheter, en fait depuis que j'étais devenue une mère à plein temps, débordée. J'étais en même temps fascinée et un peu inquiète par l'intensité avec laquelle mon animal intérieur avait mis fin à la disette des fournitures artistiques. Quand j'ai ouvert la porte de la boutique, les odeurs de peinture, térébenthine, papier de chiffon, charbon et gommes à effacer m'ont coupé le souffle et fait venir les larmes aux yeux. Je me suis vue me précipiter dans les allées et jeter les toiles, les spatules et les tubes de peinture dans mon « chariot ». Pendant ce temps, mon mental n'arrêtait pas de répéter « Je n'ai pas de temps pour ça ! Je n'ai pas de temps pour ça ! » Mais il avait tort. Après avoir quitté le magasin, le porte-monnaie pas mal plus léger et ma fièvre artistique pas mal calmée, l'article que je peinais à écrire depuis un bout surgit sur mon clavier en moins d'une heure.

Depuis, j'ai remarqué que le fait de me permettre de jouer avec la peinture, c'est-à-dire de toucher, de sentir et de voir ces matières qui me ravissent, fait en sorte que mon corps et mon cerveau retrouvent une sorte d'harmonie qui me rend beaucoup plus productive dans tous les autres aspects de ma vie. J'ai trouvé le moyen, avec la petite trousse d'artiste que je traîne avec moi, d'introduire dans mes journées des moments où je dessine ou je peins dans les avions, où je gribouille pendant que je suis au téléphone. Quand je m'adonne à ce plaisir, je réalise plus facilement mes objectifs et la vie me sourit beaucoup, beaucoup plus.

Je vous recommande d'introduire dans vos journées autant de plaisirs sensoriels que possible (trois par jour est un minimum absolu). Il est essentiel que vous entremêliez vos activités les moins agréables et ces plaisirs sensoriels. Procurez-vous un lecteur de musique bon marché et faites jouer votre musique préférée pendant que vous faites la vaisselle. Portez votre parfum ou votre eau de toilette préférée chaque fois que vous payez vos factures. Si vous devez rencontrer un ou une collègue de travail désagréable, faites-le dans votre restaurant préféré en commandant votre plat préféré (mais attention avec ce plaisir-là, car si vous lui accordez toujours la préférence, il se pourrait que la nourriture devienne une panacée). Passez tout de suite en revue la liste de vos plaisirs sensoriels et imaginez de quelles façons vous pouvez les intégrer dans votre vie quotidienne, surtout dans les moments qui sont ennuyeux ou effrayants.

J'ai vu des douzaines de clients améliorer leur productivité et leur joie de vivre en se servant de cette technique. Gâter ses sens, c'est comme être en même temps l'équipe de recherche behavioriste et le cochon qui pousse le chariot. Vous découvrirez que des tâches ennuyeuses ou risquées deviennent beaucoup plus tolérables si vous vous servez de votre intellect pour renforcer les comportements utiles de votre côté animal, au lieu d'essayer de le persuader de façon logique de suivre des règles qu'il ignore, d'agir suite à des ordres de personnes qu'il ne comprend pas, dans un but qu'il lui est impossible d'imaginer.

Les récompenses – Étape 3 : Mettez la décadence divine en pratique

C'est de loin ma technique préférée pour cerner les bonnes récompenses. Commencez en vous demandant quelles sont les vertus humaines que vous incarnez le plus. Est-ce que vous êtes patient, compétent, minutieux, courageux, fiable, soigné, serviable, sensible ? Faites la liste des qualités qui selon vous constituent vos forces ou celles qui impressionnent les autres.

MES QUALITÉS ÉVIDENTES

Complétez les phrases suivantes :

1. Les gens me font souvent des compliments sur ma capacité à...

2. Je suis fier ou fière d'avoir de la discipline pour...

3. J'ai plus de qualités que les autres quand il s'agit de...

4. Même quand je n'en ai pas envie, j'essaie toujours de...

Maintenant, nous allons utiliser vos réponses pour mettre en pratique la décadence divine. Cela consiste à faire une chose, ou plusieurs, au nez et à la barbe de vos grandes qualités. Pourquoi faire cela ? Un dicton dit qu'une trop grande force devient une faiblesse. Les histoires que nous nous racontons sont souvent basées sur une image idéalisée du comportement parfait qui entre en fait en contradiction avec notre vraie nature – sinon, nous n'aurions pas à en rester si conscient ni à la renforcer avec autant de jugements. Comme j'ai travaillé avec des centaines de clients, j'ai découvert qu'une personne qui parle sans arrêt de sa bienveillance et de sa gentillesse envers les autres réprime tellement de colère qu'elle devient ce que j'appelle un paillasson explosif à retardement. Une personne qui mentionne sans arrêt le fait qu'elle travaille dur se poussera à un point tel qu'elle se rendra malade. Une personne qui est obsédée par le fait d'être un bon chrétien sera si moralisatrice qu'elle invectivera les gens d'une façon que le Christ n'aurait jamais fait.

Il y a un antidote à cela. Il suffit d'ajouter une petite dose du libertin M. Hyde (le mauvais) à votre docteur Jekyll (celui aux grandes qualités). J'ai entendu une fois le gourou de la santé, le docteur Andrew Weil, dire que lorsqu'il était fatigué de manger parfaitement, il s'enfilait un Coca-Cola à même la canette. C'est le genre de petites récompenses qui peuvent rendre les vertus beaucoup plus agréables à entretenir. Si vous êtes quelqu'un d'ordonné, entreprenez quelque chose qui créera un grand désordre (poser des carreaux de céramique ou construire des modèles réduits d'avion) et passez plusieurs jours à mettre toute votre énergie sur ce projet avant de commencer à nettoyer. Si vous êtes du genre très fiable, appelez au bureau quand on vous attend pour une réunion sans importance et allez au cinéma. Contrecarrer des domaines de votre vie où vous excellez vous empêchera de tomber dans l'excès. J'aimerais juste que vous vous laissiez aller un peu. Voici quelques exemples de la façon dont vous pouvez équilibrer vos très grandes qualités avec de délicieux et innocents petits vices.

1. Soyez sans prétention

Patrick est une des personnes les plus intelligentes que j'ai jamais rencontrées. À l'instar de son père, il est ingénieur aéronautique. Il est aussi un brillant écrivain qui a le grand talent de transformer des idées scientifiques incompréhensibles en pure poésie. Pour Patrick, la décadence divine, c'est d'enfiler un vieux tee-shirt et de se rendre à des performances de camions monstres. Il côtoie les mécaniciens et leur pose les questions les plus stupides qui lui viennent à l'esprit. À ce qu'il me dit, il repart de ces événements, non seulement frais et dispos, mais aussi avec des idées avant-gardistes qui l'inspireront pour son travail d'ingénieur.

2. Soyez extravagant

J'ai lu un grand nombre de livres sur la gestion financière qui disaient tous à quel point on pouvait épargner l'argent durement gagné en buvant du café instantané au lieu de dépenser plusieurs dollars pour des cafés préparés dans les boutiques spécialisées. Si vous êtes une personne vraiment frugale, je vous suggère de faire le calcul avec précision. Ensuite, allez dépenser quatre dollars en commandant un super cappuccino avec tout le tralala. Et donnez un pourboire au serveur. Si vous voulez être décadent jusqu'au bout, permettez-vous de vous en délecter.

Vous ne voulez certes pas dépenser au point de vous mettre dans l'embarras, mais selon moi, s'accorder des petites gâteries semble bien aller avec une plus grande capacité à produire des revenus. L'exemple que j'adore citer est celui d'une cliente appelée Rosa, une femme au foyer économe au possible qui, lorsque je l'ai connue, ne pouvait s'acheter une belle savonnette de trois dollars (quand elle essayait, l'angoisse la suffoquait et elle devait remettre la savonnette où elle l'avait prise). Mais Rosa finit par s'accorder de petites gâteries. Ce faisant, elle commença à remarquer des occasions d'augmenter ses revenus, entre autres organiser une vente de garage ou donner des cours privés d'espagnol (sa langue maternelle) à des étudiants. En trois ans, Rosa gagna plus qu'elle n'avait jamais pensé pouvoir gagner. Elle pouvait désormais se payer des gâteries comme des séjours dans des spas très chers et un circuit de luxe en bicyclette.

3. *Soyez enfantin*

En tant que coach et mère, je passe une grande partie de mon temps à essayer d'être raisonnable, réfléchie, calme… sauf les fois où je décide d'être totalement enfantine. J'aime me réserver des moments où je peux renverser des choses, me cacher, me déguiser et pleurer quand je n'obtiens pas ce que je veux.

Je m'achète aussi un grand nombre de petites gâteries d'enfant, comme les stylos gel rose scintillant. Récemment, lors d'une récente signature de livres, j'ai réalisé que je n'avais pas un seul stylo normal, bleu ou noir. J'ai donc demandé aux clients si je pouvais leur emprunter un stylo. À ma grande surprise, j'ai découvert que les trois-quarts d'entre eux avaient des stylos gel de couleur rose, jaune ou magenta scintillant. Laissez votre côté enfantin se manifester et vous découvrirez que le monde est rempli de merveilleux petits enfants candides, impulsifs et joueurs, nombre d'entre eux étant déguisés en adultes.

4. *Soyez présomptueux*

Un de mes anciens thérapeutes (vous serez heureux d'apprendre que j'en ai eu plusieurs) avait l'habitude de commencer ses séances avec des « vantardises ». Tout le monde dans son cabinet (il s'agit d'une thérapie de groupe, pas d'un groupe de schizophrènes) devait raconter quelque chose de bien qui lui était arrivé ou qu'il avait accompli, fini, gagné ou fait. Plus l'histoire était présompueuse, mieux c'était. Essayez de trouver au moins une personne avec qui vous pouvez le faire. Ensemble et à votre tour, vantez-vous comme des athlètes professionnels sous l'effet de stéroïdes. Donnez-vous l'avantage face à vos compétiteurs. Regardez de haut tous ceux qui vous sous-évaluent. Soyez aussi vaniteux que vous pouvez l'être, jusqu'à ce que votre séance de vantardise soit finie.

5. *Soyez improductif*

Un ami m'a récemment envoyé par courriel un petit jeu tout simple et répétitif qui consiste à aligner des rangées de bijoux dans une grande grille. Ce qui est particulier à ce jeu, c'est que les bijoux sont vraiment étincelants. Après avoir appris comment il fallait jouer, j'ai passé tellement de temps à y jouer que j'ai développé une tendinite au pouce. J'ai appelé mon ami, qui est un homme d'affaires important dont le niveau de productivité peut se comparer à celui de Martha Stewart, pour lui dire que le fait de m'envoyer un jeu avec de tels joyaux, c'était comme donner de l'héroïne à un drogué. Je lui ai gentiment dit que c'était de sa faute si j'avais une tendinite au pouce.

Il a éclaté de rire. J'ai pensé qu'il riait parce qu'il estimait ridicule que quelqu'un puisse gaspiller son temps comme je l'avais fait avec ce jeu. J'avais mal compris. Il riait parce qu'il avait exactement la même tendinite pour exactement la même raison ! Ainsi, en lui parlant, j'ai réalisé une chose que j'aurais dû me rappeler depuis longtemps : un moment occasionnel de gaspillage de temps est une gâterie qui fait honneur au véritable soi et qui nous rend plus productifs à long terme.

Ces quelques exemples ne font qu'ébaucher les possibilités de décadence divine qui se présentent à vous. Chaque fois que vous avez besoin d'une petite gâterie, passez en revue votre liste de vertus et laissez venir à votre esprit les douzaines d'idées qui sont opposées à ces vertus. Vous pourriez ainsi aimer être à l'occasion de mauvaise foi, paresseuse, négligée, assommante, lâche… Passez en revue la liste des adjectifs jusqu'à ce que vous en trouviez un qui vous fasse spontanément sourire. Puis passez à l'action.

Les récompenses – Étape 4 : Espacez les gâteries

Tout bon behavioriste vous dira que lorsqu'on dresse un animal avec du renforcement positif, il faut espacer les gâteries avec soin. Elles doivent être suffisamment rares pour sembler spéciales, mais suffisamment fréquentes pour maintenir l'espoir. Vous pouvez vous faire autant de gâteries que vous le désirez, mais en ce qui concerne la recette numéro 6, choisissez quelques gâteries spéciales qui ne sont pas facilement accessibles. *Octroyez-vous toujours une gâterie aussitôt que possible après avoir pris votre risque quotidien.* Cette gâterie servira non seulement à vous récompenser d'avoir accompli un souhait de votre cœur, mais aussi à oser prendre des risques en général.

À part des récompenses pour les prises de risques, j'aime que mes clients se récompensent une fois tôt le matin et une fois en fin d'après-midi. Si vous êtes occupé, trouvez le moyen de combiner la récompense avec une autre activité, comme quand je dessine quand je suis au téléphone. Achetez-vous des livres sur disques compacts (ou empruntez-les à votre bibliothèque) et écoutez-les pendant vos déplacements. Faites du lèche-vitrine lors de votre promenade quotidienne d'exercice. Pendant le lunch, appelez la personne qui vous est la plus chère pour parler comme des bébés pendant quelques minutes. Quoi que vous fassiez, trouvez le moyen de vous récompenser au moins une fois le matin et une fois l'après-midi. Rappelez-vous que vous ne pouvez dompter un animal avec des excuses ou de l'évitement. Comme les animaux, la partie animale en vous sait si elle est récompensée ou pas. Soyez fidèle à tout prix à vos engagements de récompenses.

Les récompenses – Étape 5 : Soyez plus futé que l'opposition

Si vous menez une vie normale, il est fort probable que vous éprouviez de la résistance lorsque vous entreprenez de vous récompenser régulièrement. L'opposition la plus farouche proviendra sans doute de votre ego, de la partie en vous qui est choquée et offensée par ces gâteries personnelles.

Pour contrecarrer ce problème, une seule chose vous suffit : la permission. Ce qui est intéressant, c'est que vous pouvez obtenir la permission de presque tout le monde. Je connais deux femmes vers la fin de la soixantaine qui maîtrisent l'art du renforcement positif mais qui ont tout de même de temps en temps besoin de permission pour bien se récompenser. Chaque fois que c'est nécessaire, Meryl demande la permission à Barbara et Barbara à Meryl. « Ça fait des années que nous le faisons », m'a dit Barbara. « J'appelle Meryl en lui disant que j'ai besoin de la permission de faire faux-bond au concert de piano de mon petit-fils. Et elle me rétorque : "Barbara, pourquoi diable irais-tu à un concert de piano alors que tu peux aller faire les magasins ?" Ça marche à tout coup ! »

Si vous éprouvez des difficultés à vous récompenser, trouvez-vous une Barbara ou une Meryl. Obtenez la permission de votre frère, de votre conjoint, du coach de vie sympathisant le plus proche, de ce livre. En passant, soyez très sélectif pour choisir les gens à qui vous demandez la permission. Si vous faites appel à votre partenaire bourreau de travail ou à votre mère intraitable, vous pourriez finir par vous maltraiter durement. Vous devriez non seulement éviter d'inclure ce genre de personne dans votre « programme », mais aussi ne jamais leur mentionner vos activités. Le fait de les garder secrètes rend la chose encore plus agréable.

Le degré de plaisir que mes clients et moi retirons de ces trois récompenses par jour est souvent disproportionné par rapport à la nature et à la taille de la récompense comme telle. J'ai vu un nombre incalculable de gens devenir des aventuriers enjoués et rayonnants juste par le fait d'être assis dans mon cabinet et de se *promettre* des récompenses. Cela marche en autant qu'ils soient disposés à tenir leur engagement, c'est-à-dire à se donner les petites récompenses qui maintiennent leur animal intérieur en état d'excitation et de gratification.

Ce que j'aime le plus dans l'histoire du cochon qui poussait son chariot, c'est que personne ne lui a montré quoi faire. Il a tout simplement fait ce qu'il fallait faire pour avoir sa récompense. Vous découvrirez peut-être que si vous renforcez votre aspect animal en le récompensant chaque fois qu'il vous permet de vous rapprocher de la réalisation d'un souhait, vous finirez par faire des choses que nous n'auriez jamais pensé faire. Peut-être n'avez-vous jamais vu quelqu'un d'autre atteindre cet objectif précis ou créer cet effet particulier. Peut-être que jamais personne ne l'a fait. Peut-être aurez-vous une destinée qui est complètement et uniquement vôtre, qui vous surprendra et vous ravira non seulement vous, mais le reste du monde également. Et ça, je vous assure, c'est la plus grande récompense.

RECETTE NUMÉRO 6 : LES RÉCOMPENSES
EXIGENCES QUOTIDIENNES MINIMALES

Mettez au point un ensemble de récompenses personnalisées en vous servant des stratégies suivantes :

1. *Dressez la liste des déclencheurs de sourire spontané.* Observez-vous pendant quelques heures ou quelques jours pour voir quand vous sentez un « sourire intérieur » (pas nécessaire que vous arboriez un immense sourire, mais la sensation doit y être). Rédigez la liste des choses qui vous font sourire spontanément.

2. *Gâtez votre petit animal intérieur.* Faites la liste des choses qui font le délice de chacun de vos sens. Creusez-vous la tête et allez plus loin que les choses évidentes et chères. Il se peut que vous n'ayez pas pensé aux petites choses et aux petits comportements subtils.

3. *Mettez la décadence divine en pratique.* Prenez en considération vos qualités les plus vertueuses. Ensuite, permettez-vous de faire ce qui est en contradiction totale avec votre côté vertueux. Si vous êtes maniaque de l'ordre, faites un grand désordre. Si vous êtes efficace, gaspillez du temps. Si vous êtes consciencieux, soyez négligent. Vous pouvez revenir à votre aspect vertueux habituel une fois que le moment de la récompense est passé.

4. *Espacez les gâteries.* Vous devez toujours vous octroyer une récompense aussitôt que possible après avoir pris le risque quotidien précisé à la recette numéro 5. De plus, vous devriez vous faire une gâterie chaque matin et une autre, chaque après-midi ou soir. Si possible, glissez de petites gâteries dans votre routine journalière. Les trois premières sont cependant obligatoires.

5. *Soyez plus futé que l'opposition.* Si vous constatez que vous résistez au programme des récompenses, impliquez une autre personne dans votre démarche. Sa tâche, comme vous le lui expliquerez, sera de vous donner la permission de bien vous récompenser, tous les jours. Ne parlez pas de cette démarche à quiconque que vous soupçonnez pouvoir réagir de façon critique ou jugeante.

Le jeu

*Une fois par jour, prenez un moment
pour vous remémorer votre véritable mission de vie
et la distinguer des jeux que vous jouez pour l'atteindre.
Ensuite, adonnez-vous au jeu sans aucune réserve.*

J'espère que le mammifère hautement civilisé que vous êtes apprécie le programme des récompenses ! Je suis certaine cependant que vous êtes toujours conscient du fait que les humains diffèrent de tous les autres animaux de façons bien précises. D'abord, quand nous nous comparons aux autres êtres vivants de la planète, nous pouvons dire que nous sommes ridiculement ineptes. Nous n'avons pas l'instinct de chasse du faucon ou du tigre. Nos moyens de défense font pitié. Par ailleurs, nous ne pouvons pas courir très vite, nous avons besoin de beaucoup de sommeil et nous pouvons rarement sentir les prédateurs qui s'approchent de nous, même s'ils portent une eau de toilette bon marché. Et malgré tout, nous, les humains, nous sommes devenus les mammifères dominants de la planète parce que nous avons une qualité essentielle qui manque à toutes les autres espèces : nous restons toujours des enfants.

Les anthropologues emploient le terme *néoténie* pour désigner les caractéristiques suivantes des très jeunes mammifères : tête relativement grosse, traits faciaux fins, corps mous et, surtout, cerveau fait pour apprendre, apprendre et apprendre. Plus l'espèce est intelligente, plus la période de néoténie est prononcée. Par exemple, les bébés chimpanzé sont extrêmement curieux et rapides. En fait, si vous comparez un petit humain et un petit chimpanzé nés en même temps, le primate apprendra et maîtrisera de nouvelles aptitudes plus rapidement, du moins pendant un an. C'est à cet âge-là que le cerveau d'un chimpanzé passe de la phase de néoténie à celle d'adulte. La plupart des mignons petits chimpanzés que vous voyez habillés à la télévision n'ont pas encore atteint la phase adulte. Une fois que c'est fait, ils ne sont plus aussi agréables à regarder pour les humains car il leur pousse de longues dents dangereuses, leurs mâchoires deviennent proéminentes et leurs arcades sourcilières saillent. Leur intelligence cesse apparemment de se développer et leur courbe d'apprentissage ralentit énormément. Par ailleurs, ils deviennent physiquement très forts, ce qui les rend effrayants quand leur intérêt n'est plus axé sur l'apprentissage de petits tours sympathiques mais plutôt sur l'emploi de branches d'arbres pour assommer les gens.

D'autres primates, entre autres les orangs-outans et les gorilles, passent par les mêmes phases. Par contre, ce n'est pas ce qui se produit avec les êtres humains, sauf pour mon ancien professeur de gymnastique à l'école secondaire. Quelque part sur la route de l'évolution, nous développons une aberrante mutation qui nous fait rester à une phase « infantile » toute notre vie. Même si nous vivons cent ans, nous conservons les traits physiques des jeunes primates : petit visage délicat, grands yeux et muscles beaucoup moins puissants que ceux de nos cousins. Mais surtout, nous ne perdons jamais les qualités enfantines d'invention, de curiosité et de capacité à résoudre des problèmes.

Il existe un terme qui résume bien à lui seul ces qualités : le jeu. Et si vous savez ce qui est bon pour vous, vous le ferez autant que vous le pourrez et tout le temps. La recette numéro 7 a été conçue dans ce sens. Le reste de ce chapitre vous explique pourquoi, quand et comment.

QUAND METTRE LA RECETTE NUMÉRO 7 AU MENU

Il vaut mieux que vous soyez averti : si vous mettez la joie à votre menu pendant un certain temps, vous réaliserez à un moment donné que vous passez presque tout votre temps à jouer. Si cette perspective vous convient, vous pouvez entamer la démarche en opérant un subtil changement d'attitude et de perspective, au moins une fois par jour. Vous procéderez ainsi en passant en revue quelques faits simples et évidents que vous connaissez déjà, même si vous n'en n'êtes pas conscient, comme c'était le cas pour les recettes précédentes. Ce chapitre s'attarde justement à vous aider à effectuer ce changement de perspective. Après, vous saurez le répéter chaque fois que vous le désirez, et le plus souvent sera le mieux.

Je vous suggère de vous créer un pense-bête qui vous rappellera de penser à la recette numéro 7 au moins une fois par jour. Les moines asiatiques qui vivent dans des monastères font sonner une cloche à intervalles réguliers pour rappeler à tous ceux qui sont à portée de son d'arrêter toute activité, de se centrer et de devenir totalement présent pendant un instant. Même si leur esprit se remet ensuite inévitablement à vagabonder, les bienfaits de ce retour sur soi régulier s'intensifient au fil des semaines et des années. Il finit par se créer un climat intérieur de calme vigilance. Vous pouvez employer n'importe quel genre de rappel pour vous faire penser à la recette numéro 7. Programmez un réveille-matin ou une montre bon marché comme la mienne, programmez un message mnémotechnique sur votre fond d'écran, collez des notes sur le miroir de votre salle de bain, sur le tableau de bord de votre voiture, sur votre réfrigérateur ou ailleurs. Personnellement, je me sers d'anxiété reliée au travail comme rappel. Comme ce genre d'anxiété est désagréable, elle est très motivante. Et la recette numéro 7 peut aider à la faire diminuer en seulement quelques secondes.

POURQUOI ET COMMENT METTRE LA RECETTE NUMÉRO 7 AU MENU

Nombre de mes clients ont cessé de jouer il y a bien long-temps. Loin d'eux l'idée de faire quelque chose associé au jeu, sauf à de rares occasions comme des vacances planifiées ou quand ils sont choisis comme juré. Selon eux, le jeu est l'en-nemi de la réussite et leur fait perdre tout sens de la compéti-tivité au travail. Il est très ironique de penser ainsi alors que la nature enjouée de notre cerveau est la qualité même qui nous a permis de « dominer » toutes les autres espèces de la terre. Un état d'esprit enjoué vous permet de rester en contrôle face à tout ce qui se passe autour de vous, de former des alliances et des partenariats, de bien vous adapter à n'importe quelle situa-tion et, surtout, d'éprouver un sentiment de plaisir qui rend tout le truc intrinsèquement satisfaisant. Le jeu est précisé-ment ce dont vous avez le plus besoin pour réussir au travail. Le jeu viendra aussi grandement améliorer votre vie person-nelle. Mais, selon moi, la principale raison pour laquelle on doit mettre cette recette au menu de la joie, c'est parce qu'elle est extrêmement bonne, vitale et essentielle pour votre « carrière ».

Si vous êtes sans emploi et que vous pensez que vous n'avez pas de carrière, ou si vous avez un emploi et que vous prenez pour acquis que c'est ce dont je parle, pensez-y deux fois. J'emploie le terme *carrière* pour expliquer la suite des gestes qu'une per-sonne pose au cours de sa vie. Quand je dis « votre carrière », je fais référence à une chose sur laquelle vous n'avez peut-être jamais travaillé, même si vous vous escrimez à travailler quatre-vingt-dix heures par semaine. Je fais référence à la voie que votre être véritable suivrait si vous viviez votre potentiel à son maximum. J'ai eu de nombreux clients qui ont eu des profes-sions impressionnantes pendant des années sans jamais se rap-procher de leur véritable carrière. Jerry a étudié la médecine et est devenu radiologue. Mais dans son cœur, il est un érudit japo-nais. Darlene est hygiéniste dentaire et n'a jamais senti de satis-faction totale sur le plan de la carrière jusqu'à ce qu'elle épouse un veuf et qu'elle devienne la mère de deux bambins. Jessica est une capitaine de l'armée de l'air à la retraite qui n'est jamais devenue une scientifique, même si elle a toujours su que c'était sa vraie vocation. La recette numéro 7 commence par l'identification de votre véritable carrière, même si vous n'avez jamais rien fait qui y soit associé.

Le jeu – Étape 1 : Trouvez quelle est votre véritable carrière

Récemment, j'ai trouvé un raccourci pour aider les gens à imaginer leur véritable carrière. J'aurais préféré que cette réalité n'existe pas, mais comme elle existe, pourquoi ne pas s'en servir. Répondez simplement à la question suivante : Qu'avez-vous fait le soir du 11 septembre 2001 ? Qu'est-ce qui vous a semblé le plus important à la fin de ce jour horrible ?

J'ai commencé à poser cette question à mes clients quand j'ai appris que plusieurs d'entre eux se trouvaient à Manhattan le jour de l'attaque terroriste. Ce matin-là, tous mes amis étaient concentrés sur des choses qu'ils considéraient comme très importantes. Mon ami Paul était en train de vendre ou acheter des actions. Erica était en train de réviser un manuscrit. Larry s'entraînait pour une course cycliste. Tracy, une cliente brillante mais confuse, se trouvait dans un brouillard dû aux médicaments qui lui permettent de composer avec un vilain divorce. Je les ai tous entendus me décrire ce qui s'est passé pour eux : comment ils ont été mis au courant de la nouvelle, ce qu'ils ont vu de leurs propres yeux ou à la télévision, comment ils ont réagi. La description qu'ils m'ont faite de New York cet après-midi-là semble de la pure science-fiction : des hordes de New Yorkais silencieux marchant tous dans la même direction, achetant tous les souliers de course qu'ils pouvaient pour remplacer leurs souliers chic ou à talons hauts. Des voitures étaient abandonnées avec les clés dans le démarreur, les portes grandes ouvertes et la radio à fond pour que les passants puissent entendre les nouvelles sur leur passage.

Dans cette ambiance étrange et apocalyptique, chacun de mes amis a posé un geste qui reflète ses valeurs les plus profondes ainsi que sa véritable carrière. Paul, le génie de la finance, s'est éloigné de la fenêtre (qui donnait sur le World Trade Center), a éteint son ordinateur pour la première fois depuis qu'il l'avait acheté et a appelé sa mère et sa petite amie. Erica, la rédactrice, s'est mêlée à la foule qui marchait vers le nord de Manhattan, mais pas avant d'avoir mis dans son sac le manuscrit sur lequel elle travaillait. Larry, qui pédalait dans la direction opposée de la catastrophe quand les Tours jumelles se sont effondrées, a fait demi-tour avec sa bicyclette et a pédalé vers les débris fumants pour voir s'il pouvait aider les blessés ou les personnes perdues. Tracy a bu un café très fort pour reprendre ses esprits et s'est ensuite rendue dans la salle de bain où elle a jeté pour quelques centaines de dollars de barbituriques dans la cuvette des toilettes.

En ce qui me concerne, j'ai appelé mes amis de New York (qui se portaient tous bien) et je me suis ensuite assise tout près des membres de ma famille immédiate pour regarder la télévision plusieurs heures durant. Ma seconde impulsion, qui fit surface aux petites heures du 12 septembre, fut de compulsivement rédiger des articles sur les attaques des Tours jumelles, d'écrire tout ce que j'avais entendu raconter par des anciens combattants sur la façon de composer avec l'horreur, l'atrocité et le chagrin. À ma façon maladroite, j'essayais d'aider les autres. Mais je faisais également ce qui me paraissait le plus réel et le plus crucial. Autrement dit, rester en contact avec ma famille, conseiller et écrire, trois choses qui font toutes partie de ma véritable carrière. Ces choses-là constituaient déjà ma carrière (même si je ne le savais pas) quand j'ai envisagé de devenir professeur d'université, une bonne profession qui ne correspond cependant pas à ma passion comme le fait la vie que je mène maintenant. Le temps viendra où ma véritable carrière prendra une nouvelle direction. À ce moment-là, j'aurai le choix entre

changer mes façons de faire ou perdre un bout de moi. Ma véritable carrière a toujours été et sera toujours le geste que mon
cœur et mon âme ont besoin de poser. Ce que je fais pour gagner
ma vie fait seulement partie de la structure que j'ai érigée pour
arriver à l'objectif final de mon âme.

Alors, qu'avez-vous fait le soir du 11 septembre 2001 (ou
pendant n'importe quelle grosse crise, le genre de crise qui
divise votre vie en Avant et Après)? La réponse indique clairement ce que votre véritable carrière est, peu importe ce que
vous faites pour gagner votre vie ou comment vous utilisez
votre temps libre. La plupart des conseillers en carrière et en
gestion du temps ne choisissent pas assez précisément leurs
questions quand il s'agit de choix de carrière et d'identification
du problème réel. Voici comment je vois la question : «Comment
voulez-vous vivre étant donné que vous mourrez bientôt?» Ce
style direct de question peut vous apparaître effroyable, mais
pas autant que le fait de vous rendre compte que vous n'avez
jamais réellement vécu votre vraie vie alors que vous vous appro-
chez de la fin. Que vous habitiez à New York, Brisbane ou en
Antarctique, que vous soyez un soldat de fortune ou un agora-
phobe qui n'a pas quitté son appartement depuis vingt ans, la
mort viendra vous prendre. Quand vous pensez à cela, qu'est-ce
qui importe pour vous? Que regretterez-vous d'avoir fait? Que
regretterez-vous de ne pas avoir fait? En fin de compte, tout
tourne autour de deux questions fondamentales.

VOTRE VÉRITABLE CARRIÈRE

Veuillez répondre aux questions suivantes aussi
honnêtement que vous le pouvez.

1. Quand votre vie touchera à sa fin, comment voulez-vous
    que le monde soit différent (à petite ou grande échelle)
    en raison du fait que vous avez vécu?

2. Quelles sont les expériences que vous devez vivre pour avoir l'impression d'avoir vécu une vie totalement satisfaisante ?

Les activités qui vous permettraient de réaliser et de vivre les choses que vous venez juste de cerner (et seulement ces activités) sont celles qui constituent votre véritable carrière.

Si vous pouvez trouver des façons de créer pour de vrai les choses que vous venez d'écrire, vous aurez une carrière bien réussie, même si vous ne gagnez jamais un sou. Si vous ne réalisez jamais, de près ou de loin, ces objectifs, vous n'aurez jamais trouvé votre véritable carrière, peu importe l'argent, le pouvoir et le prestige dont vous aurez joui. La première chose, lorsque vous ajoutez la recette numéro 7 à votre vie quotidienne, c'est de vous rappeler quelle est votre véritable carrière, d'amener consciemment à votre esprit une image vivante des choses qui vous importent plus que tout si vous saviez que vous alliez mourir. La nouvelle, c'est que (souriez !) vous allez mourir ! Passez une bonne journée !

Le jeu – Étape 2 : Rappelez-vous que presque toutes les sphères de la société humaine peuvent être considérées comme un jeu

Évoquer la mort pour ensuite parler de ludisme n'est pas chose aussi incongrue qu'il peut sembler. Pourquoi ? Parce que c'est à la lumière crue de l'honnêteté sur notre condition de mortel que presque chaque activité que nous les humains entreprenons apparaît sous sa véritable forme : le jeu. Un jeu est une situation artificielle qui comprend un but énoncé et un ensemble de règles que les joueurs doivent observer pour atteindre ce but. Cette définition correspond à presque tous les emplois de tous et chacun et à tous les passe-temps également. Malheureusement, nous avons tendance à nous laisser tellement prendre à ces jeux que nous les prenons pour la réalité. Dès l'instant où cela se produit, l'humour disparaît de notre vie et le désespoir s'installe. Nous perdons tout sens ludique que notre être véritable veut insuffler à notre vraie carrière. Et nous avons l'impression de nous battre avec une réalité sombre et inaltérable, alors que nous pourrions simplement prendre plaisir au jeu que nous avons choisi de jouer et observer de façon détendue et en toute conscience ses aspects arbitraires et son absence d'importance ultime.

Voici la façon dont les événements du 11 septembre 2001 ont mis cela en évidence pour mes amis de New York. Paul, le génie de la finance, avait toujours considéré la Bourse comme la partie la plus réelle de la vie réelle. « J'étais si obsédé, dit-il, que je pensais que rien d'autre importait. » Mais suite au désastre – surprise, surprise – Paul a découvert que la vraie vie, c'était ses relations et que le jeu, c'était la Bourse. « Je suis beaucoup plus équilibré depuis ce temps-là, dit-il. Le marché de la Bourse en a pris un sacré coup, mais ça ne me dérange pas comme ça me dérangeait avant. Ma vie maintenant, c'est ma famille. »

À quelques pâtés de maisons du bureau de Paul, Erica, la rédactrice, a quitté elle aussi son bureau. Avec ce désastre, son travail dans une grande entreprise est tombé plus bas qu'au dernier rang de ses priorités. Mais Erica a emporté le manuscrit sur lequel elle travaillait parce que son contenu importait pour elle et qu'il faisait partie de sa vraie vie, de sa véritable carrière. Travailler sur un tel manuscrit pour une maison d'édition n'était pour elle qu'une façon qu'elle avait trouvée pour jouer à un jeu intéressant qui correspondait à sa mission de vie. Larry, qui n'avait vécu que pour gagner des courses à bicyclette, a découvert que ce jeu signifiait peu de chose pour lui, sauf le fait qu'il lui avait conféré la forme et la force lui ayant permis d'aider les gens blessés et qui avaient besoin d'aide. Le rôle d'aidant était sa véritable carrière, Quant à Tracy, l'épouse évincée, elle a appris que même les disputes entre son ex-mari et elle n'étaient qu'un jeu, tout comme l'était son usage des médicaments pour contrôler ses émotions. Il s'avéra que ce qui lui importait vraiment, c'était d'être pleinement consciente et présente, même au cœur d'une grande souffrance.

Je ne dis pas ici que les jeux que ces gens jouaient (affaires, compétition sportive ou relations) ne sont pas importants ni nécessaires. Je travaille d'arrache-pied tous les jours pour aider mes clients à gagner ces jeux. Et je fais la même chose avec moi. Mais la première étape qui mène à la victoire, la seule qui puisse rendre ces jeux amusants, c'est de les considérer comme les conventions qu'ils sont. Vous avez peut-être entendu le dicton avisé qui dit que, dans toute situation de rivalité, celui qui est le moins intéressé a le plus grand pouvoir. Quand nous savons que nous jouons un jeu, nous sommes moins attachés au résultat et nous sommes par conséquent plus forts que les gens qui s'y identifient corps et âme.

J'ai eu mon propre petit 11 septembre quand j'étais dans la vingtaine et que j'étais complètement plongée dans un jeu appelé « le monde universitaire ». Je suis née et j'ai été élevée pour être une universitaire. Et comme j'ai passé la majeure partie de ma vie adulte à étudier à Harvard, je pensais réellement que ce jeu était toute ma vie. Mais j'ai dû faire le choix de mener à terme ou pas un bébé qui avait été diagnostiqué trisomique au sixième mois de grossesse. Le monde universitaire, tout beau jeu qu'il était, m'a soudain semblé devenir insignifiant. Ce qui importait davantage pour moi, c'était d'aimer et d'apprendre avec le cœur, pas avec la tête. Cette situation venait rompre un sort. Même si mes conseillers universitaires me poussaient à tout prix à ne pas saccager mon futur en gardant mon bébé, je ne pouvais plus me résoudre à voir le système universitaire comme ma véritable carrière.

Chose étrange, c'est que je suis devenue encore meilleure au jeu universitaire après cette crise, même avec un bébé demandant des soins spécialisés. Mes choix ont changé. J'ai opté pour des projets qui m'intéressaient même s'ils n'étaient pas sensationnels, j'ai fréquenté des gens que j'aimais plutôt que des gens qui étaient bien connus dans leur domaine. Bref, j'ai seulement joué les parties du jeu universitaire qui me faisaient plaisir et j'ai ignoré tout ce que les gens me disaient que j'étais censée faire pour aller de l'avant. Et pourtant, ces choix ont toujours fini par être à mon avantage plus que tout le monde, moi y compris, s'y attendait. Les projets modestes ont fini par recevoir des subventions-surprises. Le travail que j'ai fait avec de bons amis a été étonnamment bien reçu. Le pouvoir du jeu commençait ainsi à se faire sentir dans mon travail.

Depuis, j'ai remarqué que, dans toute discipline professionnelle, il semble y avoir deux types de personnes qui réussissent extraordinairement bien. D'un côté, il y a ceux qui croient absolument que le jeu qu'ils jouent est la vraie vie, et qui pourraient tuer ou mourir pour gagner. Ces gens dominent leur jeu pendant un certain temps par la seule force de la volonté, mais ils sont souvent stressés et sans joie, incapables de se sentir satisfaits même s'ils réussissent superbement. De l'autre côté, il y a les gens qui voient très clairement que leur profession est un jeu, auquel ils adorent jouer. Ces gens apprécient leur réussite avec un plaisir total et font des blagues au sujet de leurs échecs. Leur travail leur tient à cœur mais ils n'en font pas le fondement de leur bonheur. Ils semblent fonder leur vie sur ce que Roshi Shunryu Suzuki appelle le « grand esprit ».

Exister dans le « grand esprit » est un acte de foi, ce qui est différent de la foi habituelle qui nous fait croire en des idées ou en des êtres particuliers. Exister, c'est croire que quelque chose nous soutient nous et toutes nos activités, intellect et émotions y compris. C'est le sentiment de purement être.

Donnez-lui le nom que vous voudrez – Dieu, vérité, conscience de la mortalité, être réel –, ce fond d'être pur est une chose sur laquelle vous pouvez vous appuyer pour trouver la paix quand vous courez le risque de prendre tel jeu ou tel autre jeu pour votre véritable vie. Remémorez-vous vos véritables priorités au moins une fois par jour, lorsque votre pense-bête vous le rappelle, et vous apprendrez peu à peu à revenir plus rapidement et plus souvent à ce fondement stable. Une fois que vous vous sentez bien stable, vous pouvez passer à l'étape suivante, qui consiste à tester si les jeux que vous jouez vont dans le sens de votre véritable vie.

Le jeu – Étape 3 : Voyez si le jeu que vous jouez va dans le sens de votre vie

Un grand nombre de mes clients se stressent parce qu'ils veulent choisir la « bonne » profession, la « bonne » façon de composer avec une relation, la « bonne » compagnie. Ils semblent croire que tous les choix qu'ils font sont capitaux, comme s'il n'existait qu'un choix parfait pour chaque situation. Si on se place dans la perspective du véritable être, c'est comme si vous pensiez qu'il est important de savoir si vous devez jouer au Monopoly ou au Parchési pendant la demi-heure qui vient. J'ai connu de nombreux clients qui, après la cinquantaine, ne se sont jamais engagés à fond dans rien – qu'il s'agisse de relations, de profession ou de passe-temps – parce qu'ils avaient la frousse de faire le mauvais choix et de prendre la « mauvaise » décision. Quand vous abordez les choses dans la perspective du « grand esprit », vous pouvez voir, au-delà de l'illusion, que tout choix que vous faites est d'une importance cruciale. Ce faisant, vous pourrez sans vous tourmenter délaisser des jeux qui ne conviennent plus et en adopter d'autres sans être obsédé par la perfection.

Un certain nombre de critères vous permettent de déterminer si le jeu que vous jouez fonctionne pour vous. Chaque fois que votre pense-bête vous ramène à la vigilance, au « grand esprit », vous pourriez vous poser les questions suivantes.

LE JEU QUE VOUS JOUEZ VA-T-IL DANS LE SENS DE VOTRE VRAIE VIE ?

- **Ce jeu contribue-t-il à ma carrière ou m'en éloigne-t-il ?**

  Si votre véritable carrière est d'être un guérisseur et que vous avez l'occasion de jouer à l'infirmière ou à l'infirmier, ou encore au jeu du chef religieux, allez-y. Ou bien vous pourriez entreprendre un jeu (disons jouer au barman ou au livreur de journaux) qui vient soutenir votre mission indirectement. N'entreprenez cependant pas de jeux qui vous éloignent de votre mission de vie, *quelles que soient les récompenses qui en résulteraient*. Si vous passez toute votre vie à jouer à un jeu qui n'est pas votre véritable carrière, vous perdrez même si vous gagnez.

- **Est-ce que je m'amuse ?**

  Tous les gens qui mettent la joie au menu devraient prendre le plaisir très, très au sérieux. Jouer à un jeu qui va dans le sens de votre vie est aussi agréable que pratiquer un sport difficile. Vous suerez sang et eau sur le terrain, mais vous ne changeriez d'activité pour rien au monde. Un jeu qui vous est agréable vaut la peine, même s'il demande un effort immense. Un jeu qui n'a pas le moindre attrait pour vous devrait à tout le moins aller directement dans le sens de votre mission de vie. Si ce n'est pas le cas, la prochaine fois, cherchez un jeu qui va beaucoup plus dans le sens de votre vie.

- **Est-ce que je m'en tire bien à ce jeu (ou est-ce que je pourrais bien m'en tirer si je m'entraînais) ?**

  Il est tentant de s'en tenir aux choses que vous faites bien. Par contre, si le désir vous pousse vers un jeu que vous n'avez jamais appris, suivez-le. Le pire qui puisse arriver, c'est que vous perdiez. Et c'est bien comme ça. Cela importe peu. En fait, nous apprenons plus des jeux que nous perdons que de ceux que nous gagnons. Si nous continuons de jouer, nous finissons presque toujours par trouver un jeu qui correspond à nos habiletés innées.

- **Est-ce que j'aime les autres joueurs ? Mes coéquipiers ? Mes adversaires ? Mes entraîneurs ?**

Faites confiance à la chose suivante : Quelle que soit votre mission de vie, fréquenter les gens que vous aimez fait partie du jeu. Souvent, il vaut mieux investir dans un jeu épuisant et ingrat (comme le fait d'être parent) pour pouvoir avoir la chance de côtoyer des gens extra-ordinaires (comme vos enfants). Les gens avec qui vous partagez vos passions, vos talents et vos ambitions sont probablement ceux qui adopteront des jeux qui iront dans le sens de votre véritable carrière. Jouer des jeux avec ces gens vaut presque toujours la peine.

Si la réponse à une de ces questions est « Oui », allez de l'avant et jouez à fond, jusqu'à ce que vous puissiez encore mieux en constater le bien-fondé. Si vous répondez « Non » à chacune des questions, c'est que vous jouez un jeu qui vous détourne de votre véritable carrière. Ce n'est pas catastrophique – pour l'amour de Dieu, ce n'est qu'un jeu ! – mais vous devriez commencer à vous creuser les méninges pour en trouver d'autres. Restez curieux et ouvert. Vous verrez que vous trouverez sous peu un jeu plus pertinent. Ce faisant, vous vous amuserez beaucoup plus.

Le jeu – Étape 4 : Apprenez à faire alterner la vision de l'aigle et celle de la souris

Chez les Sioux, l'aigle symbolise la capacité de voir avec grande acuité les divers scénarios qui se profilent au loin. La souris, quant à elle, représente l'état d'esprit qui se concentre complètement sur la chose qui se trouve sous son nez, en lui accordant toute son attention avec ses yeux, ses moustaches et ses petites pattes. L'habileté à passer de la vision de l'aigle à celle de la souris est au cœur même de la recette numéro 7.

Quand votre réveille-matin, votre fond d'écran ou votre anxiété vous rappelle qu'il est temps de procéder à un ajustement d'attitude, arrêtez-vous et regardez bien ce que vous êtes en train de faire : bavarder avec un collègue, mettre de l'essence dans votre voiture, composer de la musique, etc. Ensuite, déplacez votre attention vers vos grands objectifs de vie (dont vous avez fait la liste au début du chapitre : façon dont vous voulez changer le monde, et expériences dont vous avez besoin pour sentir que votre vie est complète). Maintenant, ramenez votre attention sur ce qui est immédiat. Faites ce mouvement d'aller-retour plusieurs fois : véritable carrière, activité du moment, véritable carrière, activité du moment, aigle, souris, aigle, souris, aigle, souris. Est-ce que les deux choses vont dans la même direction ? La petite activité du moment vous rapproche-t-elle de vos objectifs ultimes ? Si oui, le fait-elle de façon efficace ? Autrement dit, cette activité draine-t-elle une partie de votre énergie vers des choses qui ne font pas partie de votre véritable carrière ou bien est-elle en parfait accord avec elle ?

Certaines activités vous conduiront directement vers vos rêves (vous entraîner vous aidera à finir le triathlon, accorder de l'attention à votre conjoint vous aidera à solidifier davantage votre relation, etc.). D'autres activités, comme préparer votre déclaration d'impôts, faire le ménage dans votre salon ou vous faire vacciner contre la grippe, sont des « activités d'entretien » qui sous-tendent les efforts dirigés vers les grands objectifs. Il n'y a aucun mal à ça, pourvu que vous ne jouiez pas à la souris et perdiez de vue votre véritable carrière. Quand j'entends une cliente dire quelque chose comme « Je veux voyager depuis des années, mais quelqu'un doit bien s'occuper des repas » ou « Mon travail me tue ! Mais il faut bien que je paie le loyer », je soupçonne une souris beaucoup trop active. Quand vous jouez au martyr et faites du travail d'entretien qui vous éloigne constamment de vos visions d'aigle, c'est que vous esquivez la démarche apeurante mais grisante propre à votre véritable carrière. Presque tous les problèmes d'entretien peuvent être résolus avec un peu de créativité. Laissez votre famille se dé-brouiller une semaine avec les repas pendant que vous faites le voyage de vos rêves. Trouvez-vous un nouvel emploi. Il existe une myriade de façons de payer le loyer sans pour cela vous sentir vidé. Pensez de façon créative et prenez des risques jusqu'à ce qu'aucune des activités de votre souris ne vous détourne plus des objectifs de votre aigle.

Cet aller-retour entre la vision de l'aigle et la vision de la souris, c'est un peu comme si vous analysiez votre swing au golf ou votre virage en ski pour vérifier comment les moindres mou-vements peuvent améliorer votre performance ou la réduire. Il est très important de rester enraciné dans la vue d'ensemble. Nous ne pouvons cependant réaliser nos principaux objectifs sans poser avec beaucoup d'attention une enfilade de gestes. Quand vous vous concentrez consciemment et complètement sur le moindre geste, vous vous assurez d'arriver un jour à réali-ser vos plus nobles objectifs. Quand vous vous rappelez d'ajuster votre comportement en fonction de la grande vue d'ensemble, vous jouerez bien vos jeux, leur permettant ainsi de vous rap-procher de vos principaux objectifs avec un minimum de gas-pillage et d'effort.

Si vous remarquez que votre activité du moment n'apporte rien à vos grands objectifs – autrement dit si votre souris inté-rieure ne va pas dans la même direction que votre aigle inté-rieur –, vous devez changer de trajectoire, mais pas de façon radicale. Au niveau de la vision de la souris, il se peut que vous deviez modifier votre comportement en accordant cinq minutes à une tâche que vous ignoriez, ou que vous envoyiez un petit message électronique qui va dans le sens des objectifs de votre aigle.

Par exemple, Monica, une de mes clientes, est totalement absorbée par ses jumeaux de six mois. Idéalement, elle aimerait occuper un emploi qui demande de beaucoup voyager. Sa mise au point au niveau de sa souris intérieure serait, disons, de fouiller sur internet pour savoir comment demander des passeports pour ses enfants afin que, lorsqu'ils auront cinq ou six ans et quand Monica commencera à jouer au jeu de la voyageuse, ils puissent l'accompagner dans un de ses voyages. Harold est cadre moyen dans une grande banque nationale, mais il sait qu'il deviendra psychothérapeute d'ici quelques années. En observant la dynamique des interactions sociales au bureau et en lisant *Psychology Today* dans le métro, il a trouvé deux activités de souris qui lui permettent d'aligner ses activités journalières sur sa mission de vie. De tels petits ajustements peuvent faire une énorme différence dans notre trajectoire quand nous jouons nos divers jeux de vie pendant des mois et des années. Pour chaque jeu, les joueurs qui ont tendance à gagner sont ceux qui savent passer harmonieusement de la vision de l'aigle à la vision de la souris.

VISION SOURIS ET VISION AIGLE

1. Résumez ici les véritables objectifs de votre vie, tel que nous venons d'en discuter. Pensez très grand.

    a.

    b.

    c.

2. Maintenant, écrivez ci-dessous trois petites choses du domaine de la souris que vous pourriez faire aujourd'hui pour vous rapprocher de n'importe lequel de vos objectifs. Pensez tout petit.

a.

b.

c.

Le jeu – Étape 5 : Soyez comme l'eau qui coule

Quand mon fils Adam a eu cinq ans, je l'ai emmené à un cours de karaté, espérant qu'il pourrait y apprendre à flanquer une volée à quiconque oserait se moquer de lui en raison de son handicap. Une fois sur place, j'ai bien vu qu'Adam ne s'intéressait pas le moins du monde aux arts martiaux, ce qui m'a rappelé une vérité que j'ai toujours sue sans vraiment le réaliser : Adam est une personne totalement non violente. C'était *moi* qui voulait flanquer une volée à quiconque se moquerait de lui. Alors, c'est moi qui suis retournée au studio de karaté une fois que j'eus ramené Adam à la maison.

Au cours des années qui ont suivi, je me suis fait une réputation légendaire dans mon dojo à cause de mon style un peu éparpillé et de mon incapacité à relaxer. « Détendez-vous, Dre Beck ! » me criait souvent mon professeur qui se servait respectueusement de mon titre alors que je me retrouvais à terre après avoir essayé de déséquilibrer un pauvre adolescent qui avait été forcé à s'entraîner avec moi. « C'est comme une danse, Dre Beck ! Ça devrait être amusant ! »

Je trouvais ce conseil tout à fait fou. Tout d'abord, nous étions là pour apprendre des techniques devant nous permettre d'arracher les yeux à un adversaire avant de lui fracasser les os du visage, pas pour jouer aux ballerines. Ensuite, j'étais plus petite, plus vieille et plus faible que tous ceux contre qui je devais me battre. C'est pour cette raison que je pensais devoir compenser en faisant plus d'efforts. C'est donc ce que j'ai expliqué un jour à mon professeur, qui a levé les yeux au ciel en me disant : « C'est exactement la raison pour laquelle vous devez être encore *plus* détendue ! Vous devez avoir l'impression de jouer à votre jeu favori. Si la taille et la force sont contre vous, la seule façon de gagner, c'est d'être comme l'eau qui coule. »

Tout ça était bien beau, mais je n'y croyais toujours pas. Puis, un matin, alors que je rouais de coups de poing un sac de sable de 150 kilos qui ne bougeait pas d'un poil, j'ai été distraite par quelque chose que j'ai aperçu par la fenêtre. J'ai balancé un dernier coup de poing, en quelque sorte une petite tape d'au-revoir et j'ai été totalement surprise de voir le sac reculer d'environ trente centimètres. Mes coups les plus forts avaient à peine réussi à le bousculer un peu et, là, ce que je considérais comme un revers de la main, lui avait intimé un certain respect. J'étais si excitée que je me suis mise à frapper le sac de toutes mes forces, me cassant presque le bras, sans que le sac ne bouge. Mais à un moment furtif, alors que j'avais arrêté de me battre et que j'avais commencé à jouer, j'avais enfin fait l'expérience de ce que bouger comme l'eau veut dire. À partir de ce moment-là, j'ai commencé à me concentrer sur ce qui était amusant au lieu de ce qui était fort. Je ne dirais pas que je suis devenue une spécialiste mondiale des arts martiaux, mais je dois admettre en toute modestie que mes compagnons d'entraînement, tous de costauds adolescents, ont cessé de m'appeler Dre Beck et se sont mis à m'appeler Mme Douleur.

« Quand deux grandes forces entrent en collision, dit Lao Tseu, la victoire revient à celle qui sait céder. » Cela ne veut pas dire que nous devrions baisser les bras face à nos opposants dans les divers jeux de l'existence que nous jouons. Cela veut dire que nous devrions nous abandonner à la détente, à la flexibilité, à l'état équilibré de corps et d'esprit qui nous donne l'impression que nous dansons quand nous sommes au travail, que nous élevons un enfant, que nous négocions une affaire ou que nous faisons face à un conflit violent. Lorsque cette sorte de lâcherprise devient notre *modus vivendi*, les exigences de notre travail et de nos responsabilités deviennent des obstacles sur le chemin de l'eau qui coule. Nous en venons à les franchir par-dessus, pardessous, par le côté et à travers, et à toujours trouver un chemin qui nous conduit vers notre véritable vie, tout comme l'eau trouve toujours son chemin grâce à la gravité. Se battre pour que les choses se passent comme nous voulons empêche de trouver cette trajectoire, alors que le jeu nous le permet.

La fluidité est le terme exact que le psychologue Mihalyi Csikszentmihayli employait pour décrire l'état dans lequel les gens connaissent un maximum de plaisir et de réalisation. Il a découvert que notre plus profond plaisir ne provient pas d'une totale léthargie et facilité. Il vient des expériences qui nous intéressent et nous mettent au défi. Nos cerveaux d'éternels enfants se portent à ravir quand ils apprennent, déchiffrent, font des efforts et résolvent des problèmes. Picasso disait : « J'ai travaillé toute ma vie pour apprendre à peindre comme un enfant. » La recette numéro 7 vous amène à ne plus craindre ni à éviter les difficultés. Elle vous amène à trouver le genre de difficulté que vous aimez et que vous ne prendrez pas trop au sérieux. En persévérant dans ce sens, vous arriverez au point où il n'existe plus de différence entre votre travail et le jeu. Et une fois que cela arrive, croyez-moi, la vie est vraiment une partie de plaisir.

Plus vous prenez conscience du mélange d'activités ludiques qui vous convient, plus la recette numéro 7 sera facile à mettre au menu. Jusqu'au jour où vous n'aurez plus besoin de faire cet effort mental et vivrez automatiquement dans une perspective de jeu. Vous pourrez laisser tomber vos pense-bêtes, vos versions personnelles de la cloche du temple qui sonne pour vous rappeler – vous remettre à l'esprit – d'être enraciné dans votre être le plus profond. En fait, en raison du plaisir et de l'enchantement que vous trouverez à jouer, le monde entier vous rappellera des choses que vous n'avez plus connues depuis l'enfance.

Comme un poète le résume succinctement dans un de mes haïkus préférés :

La cloche s'arrête
mais des fleurs le son provient
encore et toujours.

RECETTE NUMÉRO 7 : LE JEU
EXIGENCES QUOTIDIENNES MINIMALES

Trouvez un pense-bête quelconque pour vous rappeler de mettre cette recette au menu de la joie au moins une fois par jour.

1. *Trouvez quelle est votre véritable carrière.* Demandez-vous ce qui a été le plus important pour vous après avoir connu une vraie tragédie ou en avoir été le témoin. Rappelez-vous que votre véritable carrière consiste en des changements que vous voudriez apporter dans le monde et en des expériences que vous voudriez faire avant la fin de votre vie.

2. *Rappelez-vous que presque toutes les sphères de la société humaine peuvent être considérées comme un jeu.* Observez si votre travail et toutes vos autres activités sont des systèmes arbitraires au sein desquels les gens s'entendent pour suivre certaines règles afin de rivaliser les uns contre les autres et de remporter des récompenses comme des titres, de l'argent et du pouvoir. Observez qu'il existe bien des façons de jouer le jeu dans lequel vous êtes actuellement impliqué.

3.   *Voyez si le jeu que vous jouez va dans le sens de votre vie.*

4.   *Apprenez à faire alterner la vision de l'aigle et celle de la souris.* Lorsque votre pense-bête vous le rappelle, arrêtez-vous et concentrez-vous sur les objectifs plus importants de votre vraie vie. Ensuite, ramenez votre attention sur l'activité du moment présent. Vont-ils dans la même direction? Si tel n'est pas le cas, vous avez peut-être besoin de modifier légèrement votre comportement du moment afin que de grands changements s'effectuent avec le temps dans votre trajectoire.

5.   *Soyez comme l'eau qui coule.* Une fois que vous êtes orienté sur vos véritables objectifs et que vous avez appris à voir que vous avancez dans leur direction grâce à une série de jeux, vous serez plus détendu et ludique. Vous trouverez la flexibilité et l'adaptabilité qui rendent les enfants si résilients et si rapides à l'apprentissage. Tout ce que vous essaierez de faire, vous le réussirez et le ferez plus efficacement. Tout sera plus juste et vous vous amuserez comme jamais vous n'auriez pensé le faire.

Le rire

Assurez-vous de rire au moins trente fois par jour.
Si ce n'est pas possible, servez-vous des techniques alternatives
décrites dans ce chapitre.

Voici comment le dictionnaire définit le rire : « Déformation faciale, sons rapidement égrenés avec halètement et mouvements du ventre, etc. qui constituent l'expression de la gaieté. » À mes yeux, ce genre de description convient mieux aux symptômes causés par un virus mortel. Mais en fait, il s'agit de la description de l'une des meilleures choses que la vie a à nous offrir : le rire. À part quelques exceptions, *La joie au menu* demande que vous riiez au moins trente fois par jour.

Si vous avez l'impression que c'est trop, que diriez-vous d'apprendre qu'un enfant rit environ quatre cents fois par jour ? Chez l'adulte moyen, ce nombre se réduit dérisoirement à quinze. Mais vous n'êtes pas un adulte moyen, vous êtes quelqu'un qui met la joie au menu et qui se dévoue avec grande discipline à devenir beaucoup plus cinglé qu'une personne ordinaire. Une fois que vous aurez lu ce chapitre, je pense que vous serez d'accord que doubler le quota quotidien moyen de rires d'une personne adulte est le minimum que vous pouvez vous demander.

Si je fais fausse route et que vous n'êtes pas en mesure de relever le défi que représente la recette numéro 8, je doute que vous puissiez entreprendre la suite. Pourquoi ? Parce que, à force de vous pousser continuellement pour devenir plus authentique et aventureux, ainsi que ce menu l'exige, vous arriverez aux confins de votre zone de confort de milliers de façons différentes. Parfois, surtout quand vous êtes sur le point de faire une percée quelconque, vous resterez figé et paralysé par l'anxiété ou l'incertitude. Je crois que le rire est une sorte d'acide décapant psychologique justement créé pour ce genre de situation. Il dissout les bouchons mentaux et permet à vos pensées, vos émotions, vos intuitions et vos actions de se manifester librement dans des domaines que vous n'avez peut-être jamais explorés. Plus vous vous encouragez à rire, plus vos horizons s'agrandiront. Penchons-nous alors sérieusement sur le rire pour voir pourquoi, quand et comment vous pouvez maximiser votre nombre de rires par jour.

LES FAITS SCIENTIFIQUES DERRIÈRE LE RIRE

Il existe une quantité impressionnante de recherches faites sur le rire. Tout d'abord, vous serez content d'apprendre que le rire a été étudié chez les animaux de laboratoire et trouvé sain. Je ne savais même pas que des créatures non humaines pouvaient rire, mais c'est effectivement le cas. Une étude relate que les rats et les souris étaient disposées à apprendre de nouveaux tours s'ils savaient que, une fois leurs numéros faits, les scientifiques les récompenseraient en les mettant sur le dos dans leur cage et en les chatouillant sur le ventre. Pendant ce temps, les animaux faisaient un bruit que les chercheurs ont identifié comme étant un ricanement. Ce bruit était cependant si différent de notre rire qu'il était difficile de l'associer au rire humain. C'est ce que disait un rapport, qui ne mentionne cependant pas si ceux impliqués dans la recherche, qu'ils soient humains ou rongeurs, avaient pris des drogues douces ou pas. Ce n'est pas important. Ce qui importe, c'est que les chercheurs, une fois qu'ils eurent déterminé que le rire était bon pour les rats et les souris, ont poursuivi leurs recherches avec des primates non humains.

Apparemment, nos parents génétiques les plus proches se paient du bon temps dans la brousse africaine parce que eux aussi aiment bien rigoler. « Chatouillez un chimpanzé ou un gorille, dit une étude, et plutôt que de s'esclaffer avec le ha-ha-ha habituel, il halètera de façon répétitive. Ce son, c'est un singe qui s'amuse. » Cela soulève la question : comment les chercheurs *savent-ils* que les singes s'amusent? Si une bande de scientifiques se mettaient à chatouiller le pape, j'imagine qu'il se mettrait lui aussi à haleter, mais pas nécessairement parce que ça lui plaît. Quoi qu'il en soit, ces études renversantes semblent avoir établi que l'*homo sapiens* n'est pas la seule espèce ayant une prédilection pour ces halètements spasmodiques. Toutes sortes de créatures aiment rire.

Il est facile de comprendre pourquoi cette caractéristique a évolué lorsque vous étudiez la recherche médicale faite sur la façon dont le rire affecte le corps. Le rire, et même l'anticipation du rire, modifie notre chimie interne de façon mesurable : il réduit les hormones du stress et augmente le nombre de cellules tueuses de virus pour combattre les maladies, des rhumes au cancer. Il déclenche aussi la production d'endorphines, ces hormones qui amoindrissent la perception de souffrance et qui nous font sentir bien. Le cliché est vrai : le rire est assurément un bon médicament, au point où certains hôpitaux disposent de machines à rire qui distribuent des comédies sur vidéo et qui tirent avec des pistolets à eau sur les malades. Dans un hôpital d'Oklahoma City, on encourage les infirmières à se tirer dessus les unes sur les autres avec des pistolets à eau. Les infirmières en chef ont même le droit de se servir de canons à eau *Super Soaker*. On prend pour acquis que les infirmières sont sérieuses lorsqu'elles assistent à des chirurgies du cerveau, et nous serions très inquiets si cette supposition était fausse, surtout si nous étions le malade qui est en train de se faire opérer.

Aussi puissant que soient les bienfaits physiologiques du rire, il semble qu'ils soient moins importants que le rôle qu'il joue dans l'interaction sociale. Le rire peut se comparer à un liant social rassemblant les gens et qui remplit les infimes interstices restant inévitablement entre eux. Les chercheurs qui sont bien au courant du fait avancent que nous rions non pas parce que nous trouvons quelque chose de drôle, mais parce que nous essayons de rendre la communication avec les autres plus harmonieuse. Des psychologues se sont mêlés à la foule de centres commerciaux pendant dix ans, soi-disant pour acheter des produits pour les cheveux alors qu'en réalité ils consignaient tout ce que les gens disaient juste avant qu'ils ne se mettent naturellement à rire. Ils ont découvert que le rire était habituellement une réaction à des échanges du genre : « Eh, comment ça va ? » ou « Tu as un élastique ? » On ne peut pas dire que ces phrases soient d'un comique à se tordre, mais le fait de rire en les disant ou les entendant adoucit la communication et rend la conversation plus amicale.

Pour vivre votre véritable vie, vous avez besoin de l'effet adoucissant et liant du rire. Suivre un chemin qui vous est totalement unique veut dire, par définition, que vous prendrez parfois des directions que les autres – amis et membres de la famille y compris – ne comprendront pas bien. Être capable de rire avec les gens que vous aimez vous permettra de poser des gestes peu orthodoxes avec un minimum de dérangement dans vos relations.

Sans les effets physiques et sociaux du rire, je serais quant à moi probablement morte. J'ai passé beaucoup de temps sur la corde raide où la mort et le rire semblaient les seules options viables. Sans le rire, je suis presque sûre que j'aurais succombé à une maladie reliée au stress, que j'aurais quitté cette bonne vieille terre ou que j'aurais été descendue par n'importe laquelle des personnes qui auraient une bonne raison de me vouloir morte (le gérant de nuit du Musée Juste pour rire, tous les amoureux des arts et des lettres, la femme qui était présidente de l'Association des parents-enseignants de l'école élémentaire de mes enfants pendant cette regrettable histoire des petits gâteaux, etc.).

QUAND FAUT-IL RIRE ?

Il y a un fait qui va à l'encontre de l'intuition et que vous devez comprendre pour mettre la recette numéro 8 au menu de la joie : *plus la situation dans laquelle vous vous trouvez est stressante, dangereuse, déconcertante ou désagréable, plus il est important d'en rire.* Fort heureusement, la nature même de l'humour se prête très bien à cette stratégie. L'effet rigolade, c'est-à-dire l'hilarité produite par n'importe quelle situation, semble directement lié au malaise que nous ressentons par rapport à cette situation.

Par exemple, les bébés ont instinctivement peur d'être abandonnés, surtout parce qu'ils n'ont pas encore acquis la compréhension qu'un objet existe toujours même s'il a disparu de leur vue. Les bambins d'un an rient quand on joue à cache-cache parce que ce jeu attise leurs pires insécurités. Si l'adulte disparaît de leur vue, ils se mettent à paniquer. Et coucou ! L'adulte réapparaît. La pire anxiété suivie d'une présence rassurante provoque des cascades de rire. En grandissant, nous finissons par comprendre le phénomène de permanence de l'objet et le jeu de cache-cache perd de son intérêt et ne nous fait plus rire. Mais nous continuons néanmoins à rire des choses qui soulèvent de l'anxiété en nous. Nous rigolons quand quelqu'un glisse sur une peau de banane parce que tomber devant tout le monde est quelque chose de gênant que nous espérons éviter. Les humoristes émaillent leurs numéros de sujets comme les rendez-vous amoureux, le dysfonctionnement familial, la sexualité et d'autres thèmes avec lesquels la plupart d'entre nous se sentent à tout le moins un peu nerveux. Tout sujet qui nous accule aux limites de notre zone de confort est potentiellement amusant.

Bien sûr, certaines choses sont si douloureuses que rien n'est drôle en ce qui les concerne. Par contre, fait assez surprenant, ces choses sont rares. Quelques semaines après la destruction du World Trade Center, les humoristes, les personnalités de la télévision et les gens ordinaires ont commencé à faire de prudentes blagues au sujet de la tragédie. Ellen DeGeneres a fait rire les gens aux éclats quand elle a expliqué la raison pour laquelle elle était la personne désignée pour être l'animatrice de la remise des prix Emmy, retardée en raison du désastre. «Qu'est-ce qui pourrait déranger plus les Talibans, dit-elle à son audience, que de voir une femme homosexuelle en costume trois pièces et entourée de Juifs?» À elle seule, cette phrase faisait allusion à une bonne demi-douzaine des questions les plus sensibles dans la culture américaine : le terrorisme, l'homophobie, le fonda-mentalisme religieux, le sexisme, l'anti-sémitisme et la mode déplacée. Vous pensez sûrement qu'il valait mieux éviter de tels sujets délicats pendant une cérémonie, mais c'est le contraire. Des millions de gens se sont esclaffés quand elle a sorti cette blague parce que se moquer de problèmes si profondément bouleversants n'était pas seulement plein d'esprit, mais encou-rageant. Cette blague était la preuve que nous, les Américains, en tant que peuple, avons étiré à l'excès les limites de notre zone de confort pour y intégrer la peur et le chagrin suscités par des crimes de haine d'une horreur sans précédent. Le fait de rire de cette tragédie était le signe que nous étions prêts à composer avec elle.

Pour revenir à Ellen DeGeneres, il se peut que vous sachiez que sa plus grande percée professionnelle s'est produite suite à une grande crise personnelle après que sa partenaire de vie ait été tuée dans un accident de la route. Alors âgée de vingt-trois ans, Ellen DeGeneres faisait son deuil dans un motel minable où elle a écrit une «conversation avec Dieu» qui a rem-porté un concours national d'humour et lui a fait accéder au *Tonight Show*. À une échelle bien moindre, je sais aussi com-ment on se sent quand on réussit en se moquant d'une tragé-die. Un jour, j'ai écrit un livre qui était très drôle, du moins selon moi, alors que je vivais une grossesse dangereuse qui s'est terminée par la naissance d'un enfant mentalement handicapé. Cette expérience a été si dure que même quand elle m'est arri-vée, à une époque où rien ne pouvait me faire sourire ni rire, je savais qu'elle pouvait être drôle avec du recul. Le livre s'est bien vendu, à ma grande surprise, chose qui m'a convaincue que les gens paient le gros prix pour pouvoir rire de situations désagréables. J'encourage tous les gens qui mettent la joie à leur menu de se joindre à moi pour soutirer le maximum à cet aspect de la psychologie humaine qu'est l'humour.

LA MISE EN FORME DE L'HUMOUR OU COMMENT AUGMENTER LE QUOTA DE RIRES PAR JOUR

Je ne suis arrivée à mes trente rires par jour qu'après que mon éditrice et moi, grâce à l'audacieuse et téméraire tradition des scientifiques déterminés, en avons fait l'expérience nous-mêmes. Comme nous sommes toutes deux formées en méthodologie de recherche, nous avons procédé en bonne et due forme, nous promenant avec deux compteurs à poussoir en métal faisant sérieux et cliquant chaque fois que nous avons ri, sauf quand nous avons oublié. Et nous avons oublié souvent. Malgré cela, nous avons totalisé bien au-delà de trente rires par jour, nombre atteint au cours de la première demi-heure. Il faut dire que ces résultats ont été en partie biaisés par la consommation de plusieurs margaritas scientifiques, par l'irrévérencieux manque de respect de mon éditrice pour la méthode scientifique et par le fait, comme l'a expliqué ma fille de treize ans à une amie qui se posait des questions, que j'ai le rire facile. Par ailleurs, le seul fait de pousser le bouton du compteur nous faisait rire. En réalité, à la seule expression «compteur à poussoir», nous nous tordions. Alors, chaque fois que nous appuyions sur le poussoir, nous rigolions, ce qui voulait dire qu'il fallait appuyer une fois de plus sur le poussoir, ce qui nous faisait rigoler, ce qui voulait dire… Vous voyez ce que je veux dire ! Tout cela m'a convaincue que rire trente fois ne demande aucun effort spécial ni aucune modification de la routine quotidienne. Vous pouvez mélanger vos rires à pratiquement toutes vos autres activités.

Certains grands facteurs viendront cependant déterminer la facilité avec laquelle vous pourrez personnellement vous plier aux exigences de la recette du rire. La propension des personnes au rire semble être héréditaire (il n'y a qu'à penser aux jumelles identiques, connues des scientifiques sous le nom des Sœurs ricanantes, qui avaient été élevées séparément et qui riaient tout le temps). De toute évidence, les circonstances jouent aussi un rôle sur le nombre de rires que vous faites par jour. Vous rirez probablement peu au cabinet du médecin et beaucoup quand vous regardez une comédie dans un bar. Le troisième élément, plus contrôlable celui-là, est quelque chose que j'appelle la mise en forme du rire. Avoir le rire en forme veut dire que vous trouvez délibérément et tout le temps des raisons de rire, peu importe les circonstances que la vie met sur votre chemin. Les gens qui ont le rire le plus en forme sont ceux qui rient de quelque chose qu'ils ont toujours sous la main : eux-mêmes. Vous êtes ici encouragés à prendre en main le nombre de vos rires quotidiens en évaluant votre propension naturelle au rire, en cherchant des situations qui font rire, en trouvant de l'humour dans des situations où ce n'est pas évident et en apprenant à rire de vous-même. Mais avant de parler des stratégies pour y arriver, le moment est venu de faire une très importante mise en garde.

MISE EN GARDE : ALTERNATIVES D'URGENCE AU RIRE

Il y a des circonstances où le rire est presque impossible. Par exemple, si vous souffrez terriblement. Dans ce cas, il est recommandé de remplacer le rire par des substituts comme le halètement spasmodique, les grimaces, les cris et les pleurs. Utilisez le halètement spasmodique si vous êtes en colère, les grimaces, si vous avez beaucoup de peine, et les cris ou les pleurs, ou les deux, si vous avez peur. Il faut s'appliquer un peu plus que pour l'exigence normale de la recette numéro 8. Si vous êtes trop bouleversé pour rire, vous avez absolument besoin de le faire.

Vous pouvez utiliser cette alternative au rire en présence d'une personne chère et compréhensive ou le faire en votre seule compagnie. Trouvez un endroit où personne ne vous entendra et laissez les émotions s'exprimer. Lancez de vieilles assiettes sur les murs ou tapez sur un sac de sable pendant que vous criez des injures à ce qui a suscité votre colère. Faites jouer une chanson triste et pleurez tout haut la personne ou la chose que vous avez perdue. Continuez ainsi pendant dix minutes. L'idéal serait trente minutes.

Au cours des pires périodes de ma vie, je pouvais passer des heures dans le chagrin ou à faire des histoires. J'ai cependant grandement bénéficié du conseil d'un thérapeute qui m'a recommandé de ne pas m'étendre sur le côté sombre pendant plus d'une heure et demie par jour. Si vous réalisez que vous vous rapprochez des quatre-vingt-dix minutes, imaginez que vous mettez votre colère et votre souffrance dans un contenant Tupperware, que vous ouvrez un des placards de votre esprit et que vous y rangez vos émotions. Celles-ci seront encore là le lendemain, lorsque viendra le moment d'exprimer votre souffrance de nouveau. Cette stratégie est ce qu'un psychologue appelle le « déni avec un petit d ». Elle vous empêchera de vous perdre dans la souffrance émotionnelle, tout en vous permettant de continuer à nourrir vos enfants, de faire votre boulot et de mener une vie normale.

Enfin, *si vous ne réussissez pas à vous arrêter d'exprimer de la souffrance ou si vous ne ressentez aucune émotion, je vous recommande fortement d'entamer une thérapie. Tout de suite.* Je suis aussi sérieuse qu'un entrepreneur de pompes funèbres. Un être humain qui ne ressent rien ou qui est constamment dans l'angoisse, ce n'est pas normal. L'absence totale ou le débordement incontrôlable d'émotions (situations qui se ressemblent plus que vous ne le pensez) veulent dire que vous vous noyez dans une souffrance avec laquelle il vous est trop difficile de composer tout seul ou toute seule. Vous avez besoin d'aide professionnelle, la méritez et devez absolument en trouver.

Toutes ces alternatives au rire, y compris la thérapie, sont des mesures temporaires conçues pour retrouver un état où vous riez souvent, naturellement et spontanément. Une fois que vous avez bien senti et exprimé les émotions douloureuses, vous constaterez que le rire prend de plus en plus leur place. Je ne peux vous dire le nombre de fois où j'ai tenu compagnie à mes patients jusqu'à ce qu'ils se sentent suffisamment en confiance pour crier ou pleurer. Le moment suivant, le rire leur revenait presque immédiatement, de façon spontanée et facile. Où que vous soyez quand vous commencez à mettre la joie à votre menu, vous arriverez à un point où le rire prend et garde une place dominante dans votre comportement journalier. À ce point-là, vous pouvez faire entrer en jeu les stratégies suivantes.

Le rire – Étape 1 : Évaluez votre propension innée au rire (en quantité et en qualité)

Quand vous arrivez à la recette numéro 8, je vous recommande de passer quelques jours à observer votre propre rire. Ayez un petit carnet sur vous et faites une barre chaque fois que vous vous éclatez. Vous pouvez aussi utiliser un compteur à poussoir (que vous trouverez dans n'importe quel magasin de fournitures de bureau), comme mon éditrice et moi l'avons fait. Si vous riez beaucoup naturellement, vous réaliserez que vous satisfaites sans doute déjà aux exigences du nombre de rires par jour. Je vous suggère alors de faire passer le minimum de rires par jour à cent ou plus. Trente par jour, c'est un minimum. Il n'y a aucune limite.

Il est donc important de tenir compte du nombre de fois où vous riez dans la journée. Mais il est également important d'observer ce qui vous fait rire. Est-ce que vous vous esclaffez de façon incontrôlable chaque fois que vous dites « Eh, comment ça va ? » ou « Tu as un élastique ? » Ou bien est-ce que les coiffures ridicules, les crétineries ou les malheurs des autres déclenchent votre rire ? Aimez-vous que les scientifiques vous chatouillent ? En répondant à ces questions, vous pourrez passer à travers la recette numéro 8 sans perdre de temps sur des choses que vous ne trouvez ni amusantes ni agréables. Vous voudrez peut-être aussi préciser si vous aimez votre humour léger, sombre ou entre les deux. Ainsi, vous pourrez vous diriger immédiatement vers les situations ou les choses qui vous feront rire. Si vous ne savez pas où vont vos préférences sur le plan de l'humour, lisez les trois blagues suivantes qui se classent dans le léger, le mi-sombre et le noir, sur l'échelle de l'humour. Observez si l'une ou l'autre vous plaît davantage que les autres.

La première blague vient d'un médecin qui, ainsi qu'une étude le mentionne, se sert de l'humour pour remonter le moral de ses malades.

EXEMPLE D'UNE BLAGUE LÉGÈRE

Question : Qu'est-ce qu'une guerre froide ?

Réponse : Une bataille de boules de neige.

Je trouve ce genre de blague aussi drôle que de regarder un fruit pourrir. Mais, apparemment, certains patients l'adorent. C'est ce qui fait qu'ils pourraient se sentir offensés en entendant la blague suivante, quelque peu plus sombre et qui a gagné un concours d'humour en 2002. Ce concours servait à déterminer le genre de blagues que les Américains trouvent les plus drôles.

EXEMPLE D'UNE BLAGUE UN PEU PLUS SOMBRE
(TYPE DE BLAGUE PRÉFÉRÉE PAR LES AMÉRICAINS)

Deux étudiantes qui partagent la même chambre se rencontrent le premier jour des cours. L'une d'elles sort d'un collège prestigieux, alors que l'autre vient d'une école de province.

« Alors, dit la fille de province, tu viens d'où ? »

La snobinarde la toise froidement en lui disant : « D'un endroit où nous savons qu'il ne faut pas finir les phrases avec des pronoms relatifs. »

« Ah, rétorque la provinciale, tu viens d'où, *bitch* ? »

Le fait que cette blague plaise à tant d'Américains prouve probablement que le citoyen américain typique atteint les limites de sa zone de confort quand il s'agit de situations embarrassantes, entre autres être surpris à ne pas connaître le bon usage de la grammaire ou à injurier un étranger. D'autres cultures, de toute évidence, ne sont pas rebutées par des blagues plus sombres. Voici une blague qui a été trouvée drôle dans plusieurs pays autres que les États-Unis.

EXEMPLE D'UNE BLAGUE ENCORE PLUS SOMBRE
(BLAGUE QUI N'EST PAS PRÉFÉRÉE PAR LES AMÉRICAINS)

Deux amis du New Jersey, Bob et Fred, chassent dans les bois. Soudain, Bob s'agrippe la poitrine, s'effondre au sol, se tord de convulsions pendant quelques minutes, puis s'affaisse, inerte.

Horrifié, Fred attrape son cellulaire et appelle le 911. Quand la téléphoniste répond, il crie : « Oh, mon Dieu, il faut que vous m'aidiez. Bob est mort ! Il a fait une crise cardiaque et il est mort ! Qu'est-ce que je dois faire ? »

« Monsieur, essayez de rester calme, lui dit la téléphoniste. Je peux vous aider. La première chose est d'être absolument certain que votre ami est mort. »

« D'accord, juste une minute », dit Fred. La téléphoniste entend un silence, puis un coup de feu. Fred reprend le téléphone et dit : « O.K. Et maintenant, qu'est-ce que je fais ? »

Certains de mes amis n'ont même pas compris cette blague. Et de ceux qui l'ont comprise, plusieurs l'ont trouvée trop sombre pour être drôle, même s'ils ont su apprécier l'humour grinçant du New Jersey. En ce qui me concerne, je l'aime beaucoup, mais je vous ai déjà dit que je suis sérieusement atteinte mentalement ! En fait, ce sont les blagues encore plus noires qui me font rigoler, des blagues que je ne mentionnerais pas ici, de crainte de me faire réprimander par les bons citoyens ou les Républicains. De toute façon, peu importe le genre d'humour qui vous fait rire en autant que vous le connaissiez et que vous en alimentiez votre cerveau en bonnes et grosses doses fréquentes.

Ce qui veut dire qu'il faut éviter les gens et les médias (articles de magazines, bandes dessinées, films, émissions télévisées) dont l'humour vous déplaît et absolument favoriser ceux qui sont sur la même longueur d'onde que vous. Lorsque Tandy, une de mes clientes, me semble trop sérieuse, je lui recommande de lire les pages des blagues dans le Reader's Digest le plus récent. En ce qui me concerne, cela ne me suffit pas. Quand je suis à court de rires, je cherche la compagnie de gens sur lesquels je peux compter pour raconter des blagues vraiment malades et tordues. J'entreprends aussi les démarches suivantes, que vous pourrez utiliser toutes ou au choix quand votre quota de rires n'est pas atteint.

Le rire – Étape 2 : Recherchez ce qui est comique

Vous avez peut-être entendu parler de Norman Cousins, cet écrivain dont le livre *Anatomy of an Illness* relatait comment il s'était guéri d'une maladie soi-disant incurable de la moelle épinière. Cousins décida de prendre littéralement et très au sérieux l'idée de la guérison par le rire. Il s'est donc traité en s'enfermant dans une chambre d'hôtel et en regardant des films des frères Marx pendant plusieurs heures chaque jour. Selon lui, sa tolérance à la souffrance augmentait de façon très marquée chaque fois qu'il avait ri pendant dix minutes. Et s'il avait ri pendant trois heures le matin, le reste de sa journée se déroulait presque sans aucune douleur. À son avis, c'est le fait de regarder ces comédies qui a fait que la maladie a battu en retraite.

Bien que je ne vous suggère *absolument pas* ici de remplacer les traitements médicaux par les frères Marx, il ne fait aucun doute qu'il n'est pas nuisible de compléter les soins médicaux en suivant l'exemple de Cousins, c'est-à-dire en passant un peu de temps chaque jour à chercher ce qui est comique. Voici quelques façons dont vous pourriez vous y prendre.

OÙ TROUVER CE QUI EST COMIQUE

1. Allez flâner dans la section « humour » de votre librairie. (Les librairies sont en général mieux loties que les bibliothèques parce que très peu de livres comiques sont considérés comme dignes de faire partie des collections des bibliothèques.)

2. Assurez-vous de ne jamais manquer votre émission de télévision comique préférée. Inscrivez-la à votre agenda et organisez vos autres obligations en conséquence. Faites preuve d'un peu de discipline à cet égard. Si vous avez décidé de bannir la télévision de votre vie, enregistrez ou téléchargez des comédies jusqu'à ce que vous retrouviez votre bon sens.

3. Lisez les blagues reçues par internet de vos amis les plus drôles. Mais soyez prudent avec cette suggestion. Si vous ouvrez chaque message qui arrive par votre modem, vous perdrez votre sens de l'humour, si ce n'est la tête.

4   Créez des « favoris » de vos sites internet comiques préférés. Allez les consulter tous les jours. Trouvez aussi des liens qui vous acheminent vers vos dessins animés préférés. En faisant une recherche sur Google (sites de blagues, dessins animés), vous trouverez certainement ce que vous aimez.

5. Allez voir des spectacles *live*. Voir des humoristes sur scène suscite une plus grande énergie comique que de les regarder à l'écran.

6. Lisez des critiques de cinéma et allez voir des films qui sont qualifiés de comiques par plusieurs journaux. Ne perdez pas votre temps à aller voir un film si la seule critique positive à son sujet émane d'une émission universitaire de radio nocturne située au fin fond des bois.

7. Louez des vidéocassettes ou des DVD d'anciennes comédies. La plupart des clubs vidéo ont des sections entières de classiques du genre.

Le rire – Étape 3 : Cherchez la compagnie de gens qui rient

Vous aurez probablement remarqué que vous riez davantage quand vous vous trouvez dans une salle pleine de gens que lorsque vous êtes seul chez vous à regarder une vidéocassette. La raison à cela, c'est que, comme le bâillement ou la panique, le rire est contagieux. Le simple fait d'entendre quelqu'un renâcler et s'esclaffer nous amène à voir les choses sous un angle drôle. Voilà pourquoi les comédies de situation télévisées comportent des enregistrements de rire ou que les émissions en direct font clignoter des enseignes « Rire » devant l'audience. Certains studios de télévision paient également des gens ayant des rires tonitruants pour figurer dans l'audience et s'esclaffer au moindre semblant de blague. En vous tenant avec des gens qui rient facilement, vous ferez un peu de même.

Certaines personnes m'ont relaté avoir un nombre très bas de rires quand elles étaient seules, alors qu'elles atteignaient le compte de trente en seulement quelques minutes quand elles étaient avec d'autres gens. Si vous êtes une de ces personnes qui ne rit jamais seule et que vous n'arrivez même pas à votre compte de trente rires par jour, je pense que vous ne passez pas assez de temps à socialiser. Prenez le téléphone. Allez boire un café avec un ami. Allez voir un film qui prédispose les gens à rire. Faites tout ce qu'il faut pour atteindre votre quota de trente rires minimum par jour.

Presque tous mes amis rient beaucoup en ma compagnie, probablement à cause de ma coiffure. Mais ces gens semblent en fait rire de tous et de tout. On dirait que j'attire les gens qui rient et j'ai découvert que leur compagnie vaut mieux qu'une ordonnance d'antidépresseurs. Comme je fréquente des gens qui rient depuis des années, j'ai de très bonnes sources de rire. Si vous n'avez pas pris le temps de vous faire votre propre collection de rieurs, je vous invite expressément à le faire. Remarquez tout d'abord la fréquence avec laquelle les gens vous entourant rient. Remarquez aussi la fréquence avec laquelle vous riez quand vous leur parlez. Faites-vous mentalement une liste des gens qui vous amusent le plus et mémorisez leur numéro de téléphone. Appelez-les dans les moments de stress où vous ne réussissez pas à penser à quoi que ce soit qui vous fasse rire au sujet de votre situation et laissez-leur l'occasion de trouver ce qui est drôle pour vous. (En passant, ces amis devraient faire partie de l'étape numéro 6.)

Le rire – Étape 4 : Servez-vous de stimulation mécanique (pas de farces, c'est une habitude très agréable)

Si vous ne connaissez personne qui rit beaucoup, des enregistrements de gens qui s'esclaffent feront presque aussi bien l'affaire. Quand j'enseignais à l'école de commerce, j'avais l'habitude de briser la glace le premier jour des cours de chaque semestre en faisant jouer un enregistrement d'une séance de travail des acteurs et écrivains Mike Nichols et Elaine May. À un moment de l'enregistrement, Nichols et May sortent de leur personnage et partent dans une crise de fou rire qui dure au moins cinq minutes. Même mes étudiants les plus sérieux ne pouvaient résister et se mettaient à pouffer de rire. Faire jouer cet enregistrement, c'était comme mettre du levain dans une boule de pâte. Les étudiants avaient de bons résultats et se sentaient très à l'aise de se moquer de moi pendant tout le semestre.

Si vous êtes réellement sérieux à propos de la recette numéro 8, vous pouvez vous trouver des enregistrements semblables sur internet.

Le rire – Étape 5 : Riez pour aucune raison

Si vous maîtrisez toutes les techniques précédentes, vous êtes prêt à relever le dernier défi de la recette numéro 8, c'est-à-dire rire sans aucune raison. Pendant que je faisais des recherches pour ce livre, j'ai été fascinée d'apprendre qu'il existait une branche du yoga (comme le hatha-yoga ou la kundalini) entièrement consacrée au rire. Cette branche s'appelle la méthode Ho-Ho-Ha-Ha-Ha. Je ne blague pas. Selon ce que j'ai lu, les gens commencent par apprendre à rire pendant au moins une minute sans aucune raison. Ils se regroupent et rient ensemble chaque jour pendant quinze à vingt minutes sans avoir recours à des blagues. Selon un professeur, « s'entraîner tous les jours à rire sans raison peut devenir une habitude, comme l'est celle de se brosser les dents ».

Je n'ai pas pu trouver de professeur enseignant la technique Ho-Ho-Ha-Ha-Ha près de chez moi, mais j'ai par contre essayé la technique recommandée sur cet outil toujours utile qu'est internet. Tout ce que je peux dire de mes progrès, c'est que j'ai l'humilité appropriée à mon manque total de talent. Je n'ai pu réussir qu'un faible sourire maladroit, même si j'ai eu un accès de rire en constatant ma pitoyable performance. Mais là, cet amusement avait un objet et le but était de rire sans raison. Je lève donc mon chapeau à ceux d'entre vous qui n'ont pas besoin de déclencheur. Si vous apprenez comment faire, est-ce que vous voudrez bien me l'enseigner ? Jusque-là, je pense qu'il vaut mieux pour tout le monde que je continue à me fier à mes drogues.

Le rire – Étape 6 : Riez de vous-même

Toutes les méthodes que je vous donne pour augmenter votre quota de rires par jour ne sont qu'un petit réchauffement pour vous préparer à la pièce de résistance de la recette numéro 8 : rire de soi-même. Il y a longtemps, j'ai remarqué que de tous les clients que je conseillais, ceux qui étaient les plus coincés étaient ceux qui ne trouvaient rien d'humoristique à leurs problèmes ou à leurs défauts. Par ailleurs, les clients qui riaient systématiquement d'eux-mêmes, surtout dans des circonstances effrayantes ou décourageantes, semblaient faire fi de tous les obstacles pour atteindre leurs objectifs. Chaque fois que vous vous sentez coincé, le fait de rire de vous-même vous décoincera. Si ce n'est pas dans vos habitudes de rire de vous-même, voici quelques façons d'y parvenir.

La première technique, que vous devriez utiliser si vous débutez dans la dérision de soi, c'est de simplement passer outre vos habituelles règles de comportement en agissant de façon ridicule. J'aime beaucoup les suggestions faites dans un article du *London Daily Telegraph*, un quotidien fort respectable dans un pays qui est bien connu pour son amour du protocole. Après avoir fait remarquer à quel point il est bienfaisant de rire de soi, l'article suggère à ses lecteurs de se regrouper entre amis ou en famille, de trouver un mot qui vous fait rire et de se le répéter les uns aux autres sur des tons de voix ridicules. Il recommande ensuite de se lever et de déambuler dans la pièce en essayant de jouer différents états émotionnels : la marche de la colère, la marche de la mauvaise humeur, la marche de la joie. Je suis certaine que la reine Elizabeth et le prince Charles se servent de cette technique sur une base régulière quand ils reçoivent à dîner ou passent de bons moments ensemble. J'espère que le prince est prudent quand il porte un de ses kilts.

En parlant de kilts, j'ai toujours pensé que se déguiser était une bonne façon d'ajouter un peu de folie à la journée. À chaque solstice d'hiver, nous célébrons tous ensemble dans notre famille. Pour agrémenter les choses, nous portons des casques de Vikings les plus stupides que nous pouvons trouver, certains ayant des tresses et des cornes assez grosses pour orner la tête d'un taureau. En portant ces casques, nous économisons beaucoup d'efforts pour faire de l'humour parce qu'il n'y a rien du tout à faire pour paraître stupide. Plus vous agissez avec sérieux, plus vous devenez stupide. En fait, si vous êtes présentateur de nouvelles, je vous mets au défi (une seule fois) de faire le journal télévisé avec un tel casque sur la tête sans faire un seul commentaire ni donner une seule explication. Je vous garantis que vous ferez histoire au téléjournal et que vous améliorerez l'humeur, la santé et l'état mental de millions de personnes.

Si vous aimez une forme particulière de ridicule, disons refaire de vieux sketches des Monty Python, imiter votre iguane, lire (ou encore mieux dessiner) des bandes dessinées, préparer des choses pleines d'esprit à dire à vos amis ou tout simplement vous souvenir d'expériences drôles jusqu'à ce que vous ressentiez l'envie de rire de nouveau, donnez-vous l'ample permission d'adopter ce comportement au cours de votre journée. Je suis incapable de m'empêcher de le faire et, bien que cela puisse paraître une pure perte de temps, je crois que cela a amélioré la qualité de ma vie à un degré incroyable.

Par exemple, même dans les périodes les plus difficiles de ma vie, pour aucune raison si ce n'est la folie, certains de mes amis et moi (parfois ensemble et parfois chacun de notre côté dans l'intention de nous raconter plus tard ce que nous avions fait) passions des heures à découper des photographies bizarres et des titres plutôt drôles dans des magazines. Ensuite, nous mélangions et associions différents titres et photos jusqu'à ce qu'une combinaison particulière nous fasse rire. Nous en collions les éléments sur une feuille blanche, que nous ajoutions à d'autres et qui avaient fini par former ce que nous appelions avec grande originalité « Le livre comique ». Je ris encore chaque fois que j'ouvre ces livres et que je vois, par exemple, une photo d'une grand-mère rondouillette ayant l'air fatiguée avec la légende « La tueuse sans odeur ni couleur dans : La folle poursuite », ou la photo d'un vétérinaire chinois en train d'inséminer artificiellement un panda avec la légende « J'ai vu la mort de près aux mains d'un maniaque » ou l'image d'une femme avec un petit cochon dans ses bras et un sourire coquin aux lèvres avec la légende « Seule pendant trop longtemps ». C'est sûr que c'est plus drôle quand on les fait soi-même. Essayez et vous verrez à quel point vous pouvez être créatif quand vous vous donnez la peine.

Vous devriez absolument essayer le ridicule primaire avant de passer à la technique qui fait appel à la dérision de soi et que je considère comme la technique la plus puissante de la recette numéro 8. À l'instar de toutes les recettes de ce livre, celle-ci est psychologiquement difficile mais assez simple à accomplir. Tout ce que vous avez à faire, c'est de décrire en toute honnêteté un aspect de votre vie avec lequel vous vous sentez pris, frustré, confus ou incertain. Le fait de parler de ces choses peut vous amener aux limites de votre zone de confort. Cela vous permettra donc d'amplifier votre confiance en vous et d'élargir votre monde.

Sur les vieilles cartes européennes, on indiquait la limite des territoires qui avaient été explorés par les Occidentaux et on affublait les zones non explorées de l'expression « Ici, soyez des dragons ». C'est comme ça que vous vous sentirez quand vous rirez de vos propres insécurités. Vous allez vous aventurer dans des territoires que vous préféreriez éviter et cela demande un peu de hardiesse. Ce qui pourrait vous surprendre, c'est que les « dragons » de ce territoire vierge peuvent être ridicules, chose qui vous donne du pouvoir sur eux. En permettant à vos problèmes de vous anéantir, vous pouvez les anéantir à votre tour.

Allons-y! Dans l'encadré suivant, énumérez quelques problèmes frustrants qui vous ont empêché de réaliser certains de vos buts les plus chers. Peut-être détestez-vous votre emploi mais n'osez pas démissionner. Peut-être votre mère vous fait-elle faire tout ce qu'elle veut, et que vous ne pouvez pas vivre la vie que vous voulez vraiment vivre. Bien des gens sont préoccupés par un aspect ou un autre de leur apparence physique, même si je suis sûre que ce n'est pas vrai dans votre cas. Voyez si vous pouvez penser à cinq problèmes qui vous bloquent.

OBSTACLES

1.

2.

3.

4.

5.

Maintenant, allez retrouver vos amis les plus drôles ou, si ce n'est pas possible, imaginez que vous êtes assis avec eux. Pendant que vous y êtes, vous pourriez aussi prétendre que vous vous êtes transformé et vous êtes glissé dans la peau de votre comédien préféré. Avez-vous déjà remarqué que les gens chantent mieux lorsqu'ils imitent un chanteur professionnel ? De même, la plupart des gens deviennent plus drôles quand ils imitent quelqu'un qui les fait rire. Nous servir des grands de la comédie nous permet de voir les choses sous un angle plus saugrenu pour ensuite trouver notre propre style. Si vous commencez à peine à rire de vous-même, lisez, écoutez ou regardez d'abord le travail des gens drôles. Appliquez leur vision pour décrire vos propres problèmes.

Maintenant que la mise en scène est prête et l'audience en place, il est temps de commencer à raconter des histoires. Vous allez raconter vos problèmes et la façon dont vous vous sentez à leur sujet de manière ouverte et sans vous retenir. Conventionnellement, la société nous demande de minimiser la gravité de nos problèmes, de prétendre qu'ils ne nous mettent pas à l'envers et de refuser de discuter de choses qui causent honte et gêne. Eh bien, pendant que vous mettrez la recette numéro 8 au menu de la joie, je veux que vous fassiez exactement le contraire. Décrivez les pires aspects de votre situation. Donnez des détails juteux. Exprimez vos réactions les plus horrifiées. Mettez-y le paquet. Si quelque chose vous humilie dans une situation, quelque chose que vous espérez que personne ne saura jamais, allez-y ! Parlez-en ! N'oubliez pas, plus le problème vous bloque, plus vous devriez déblatérer à son sujet. Vous découvrirez que plus vos scénarios sont graves et poussés, plus ils deviendront ridicules.

Vous trouverez ci-dessous une liste de questions qui pourraient vous aider à aborder les points qui vous frustrent. Je vous en donne un aperçu avec un exemple propre à ma vie actuelle pour vous montrer comment ça fonctionne.

DANS LE ROYAUME DES DRAGONS : DIRE CE QUI EST COMME C'EST (ET UN PEU PLUS!)

Q. Quelle est la chose qui vous énerve le plus en ce moment ?

R. Ce manuscrit est vraiment, vraiment en retard et j'écris vraiment, vraiment lentement.

Q. Quelle est votre plus grande crainte au sujet de cette situation ?

R. Je ne finirai jamais ce livre, du moins pas dans ce siècle.

Q. Pouvez-vous penser à quelque chose d'encore plus angoissant ? Allez-y, soyez créatif !

R. Je ne pourrai pas rembourser l'avance que la maison d'édition m'a faite parce que je l'ai déjà dépensée, je serai encore plus la proie des requins de la finance avec mes dettes, ces requins qui sont les seuls prêteurs disposés à travailler avec des auteurs traîne-savates, fainéants et éparpillés comme moi.

Q. Et puis ?

R. Je deviendrai une pauvre serveuse de restaurant de fast-food, mais je ne pourrai travailler que quelques mois parce que ce boulot détruira ma santé et me fatiguera tant que je mettrai accidentellement le feu à l'huile de friture et serai défigurée à vie. Je ne pourrai pas me trouver un autre travail parce que j'aurai sans arrêt mal et que je serai horrible à regarder. Pour payer l'hypothèque de la maison, mes enfants devront abandonner l'école et se prostituer, ce qui leur fera attraper toutes les MTS connues de la médecine. Nous mourrons tous dans la rue et nous serons mangés par les rats et les souris, qui se marreront pendant tout ce temps-là de façon sinistre, même si le bruit qu'ils feront sera si différent de nous qu'il sera difficile de le comparer à un rire humain.

Q. Parfait. Maintenant, qu'est-ce qu'il y a de si embarrassant au sujet de votre problème ? Est-ce que vous voulez cacher quelque chose ?

R. Je ne réponds pas au téléphone depuis six semaines parce que j'ai peur que ce soit mon éditrice ou mon agente littéraire qui appelle, deux personnes qui sont aimables et courtoises, et qui détestent devoir me harceler, chose qui me fait sentir si coupable que j'aimerais mieux…

Q. Quoi ?

R. Je ne sais pas encore. Mais je pense que je vais essayer l'alcoolisme.

Q. Super ! Est-ce que vous avez autre chose d'embarrassant à dire ?

R. Quand je me décide à répondre au téléphone, je parle avec un accent croate et dis à l'interlocuteur que je suis totalement sourde. Mais je pense qu'ils savent quand même que c'est moi.

Q. Je le pense aussi. Et c'est quoi qui vous met en colère dans cette histoire ?

R. Mon ordinateur n'arrête pas de tomber en panne. C'est la troisième fois en deux livres que je fais refaire l'installation.

Q. Qu'est-ce que votre colère vous donne envie de faire ?

R. J'ai envie de frapper tous les employés du support technique d'IBM et de les mettre en attente au téléphone pendant vingt-cinq ans.

Je pense que vous voyez où je veux en venir. Vous vous rappelez Milarepa, ce sage tibétain qui s'était couché dans la gueule du dragon pour le vaincre ? En parlant de vos frustrations non seulement ouvertement mais à l'excès, en les développant pour leur donner délibérément le tour le plus comique afin de faire rire les autres, les griffes et les crocs du dragon tombent. Rappelez-vous que le but ici, c'est de s'amuser, pas de s'apitoyer sur son sort. Il n'y a rien de *moins* drôle que d'essayer de s'attirer la sympathie des autres. Alors, allez-y franchement et déblatérez. Plus vous foncez dans vos problèmes en disant la vérité sur vos peurs, votre frustration, votre colère et votre tristesse, plus les dragons battront en retraite et plus votre monde prendra de l'expansion.

Il n'y a aucune limite quant au nombre de rires par jour. Un jour favorable, vous arriverez à cent. Un jour où tout va de travers et que votre monde est réduit en cendres, le fait de trouver le moyen de rire trente fois vous ouvrira de nouvelles voies pour composer avec vos problèmes. Chaque bonne chose que vous accomplissez dans le cadre du menu de la joie n'en sera que meilleure. Mais il faut dire que plus vous devenez disposé au rire, plus certaines personnes vous blâmeront. Elles vous regarderont d'un air désapprobateur, pinceront les lèvres et vous laisseront entendre de diverses façons que vous devriez retourner dans un monde qui est en fait dominé par la peur. Elles vous accuseront peut-être de donner libre cours à des enfantillages. Et elles auront raison. En effet, si vous maintenez ce cap, vous finirez peut-être par rire autant que vous le faisiez quand vous étiez petit, viviez dans l'aventure et étiez continuellement envahi par la joie. En ce qui me concerne, c'est un risque que je suis tout à fait prête à prendre.

RECETTE NUMÉRO 8 : LE RIRE
EXIGENCES QUOTIDIENNES MINIMALES

1. *Évaluez votre propension innée au rire (en quantité et en qualité).* Observez-vous pour voir si vous arrivez au minimum de trente rires par jour. Notez la qualité de la noirceur de votre humour préféré.

2. *Recherchez ce qui est comique.* Vous pouvez rechercher les spectacles *live* enregistrés.

3. *Cherchez la compagnie de gens qui rient.* Faites la liste des gens qui rient souvent et mémorisez leur numéro de téléphone.

4. *Servez-vous de stimulation mécanique.* Les enregistrements de rire peuvent sembler ennuyeux mais ils ne le sont pas du tout.

5. *Riez pour aucune raison.* Il existe un type de yoga qui se consacre totalement et uniquement au rire.

6. *Riez de vous-même.* Cernez les choses qui vous mettent le plus mal à l'aise. Jouez le rôle d'un comédien qui s'adresse à une audience. Exagérez la souffrance.

Entretenir des liens

*Chaque jour, mettez les recettes numéros 1 à 5
(ne rien faire, dire la vérité, cerner les souhaits de votre cœur,
utiliser votre créativité et prendre un risque)
en application dans au moins une interaction
avec une personne importante de votre vie.*

Si vous avez adopté les règles du menu de la joie, comme j'en suis certaine, vous aurez probablement déjà bien intégré à votre quotidien les recettes numéros 1 à 8. Vous les avez certainement bien en main et vous en servez comme vous le faites avec votre langue maternelle.

Non ?

Bon, alors, tout ce que je vous demande, pour l'amour de Dieu, c'est d'essayer de bien maîtriser les éléments précédents avant de vous aventurer dans la recette numéro 9. Les éléments de cette démarche sont ordonnés de façon telle que, une fois rendu à la recette numéro 9, vous aurez mis en pratique depuis plusieurs semaines des choses comme ne rien faire et dire la vérité. Vous aurez besoin de ces aptitudes pour pouvoir maîtriser la recette numéro 9. Et croyez-moi, c'est quelque chose que vous voudrez absolument arriver à faire. Cette recette peut vous apporter plus de joies, merveilleuses et inattendues, que toutes les autres. Avec cette recette, vous vous sortirez à tout coup du plus profond désespoir, vous tempérerez votre colère la plus enflammée, vous disposerez d'un harnais de sécurité qui permettra de transformer vos pires peurs en courage et en confiance. Et ce n'est pas parce que cette recette est spéciale en soi, mais plutôt parce qu'elle crée, entretient et renforce des liens avec quelque chose de tangible : les autres êtres humains.

Il est facile d'ajouter cette recette au menu de la joie si vous maîtrisez bien les recettes 1 à 5. Tout ce qu'il y a à faire pour créer des rapports puissants, guérisseurs et éclairants, c'est de mettre en application les cinq premières recettes dans des rapports avec un autre être humain. Il vous faudra le faire au moins une fois par jour. Cela ne vous prendra pas plus de temps que lorsque vous êtes en rapport avec autrui de façon autre. La personne avec qui vous choisirez d'entrer en rapport de cette façon pourrait être un ami, un membre de la famille, un conjoint, un partenaire. Cela pourrait aussi être une personne avec qui vous travaillez : votre patron, un subordonné, un collègue, un client, un fournisseur.

Vous vous souviendrez peut-être que la recette numéro 7, même si elle est applicable aux relations personnelles, concerne principalement votre vie professionnelle. La recette numéro 9, au contraire, même si elle est très bonne pour la carrière, concerne surtout les relations personnelles. Ce chapitre vous explique comment bien assimiler la recette numéro 9 et s'attarde sur les bienfaits qu'elle peut avoir sur votre vie en général.

Ne rien faire, vous dire la vérité, identifier les désirs de votre cœur, utiliser votre créativité et oser risquer. Supposons que vous n'ayez pris qu'une leçon de tennis et que vous alliez ensuite jouer un match contre un adversaire d'expérience. Chaque fois que la balle fonce sur vous, vous devez penser à une douzaine de choses : vous servir d'un coup droit ou d'un revers, comment bien positionner vos pieds, comment faire une montée au filet, si c'était une bonne idée ou pas de porter un corsage moulant – oups trop tard, la balle est passée. Eh bien, les recettes à mettre au menu de la joie peuvent se comparer aux principes de base du tennis, ou encore à tout autre sport ou activité. En les mettant en pratique régulièrement, elles s'effectuent plus harmonieusement, plus efficacement et plus automatiquement. Pour vraiment voir comment la recette numéro 9 peut fonctionner, il vous faut d'abord bien maîtriser les cinq premières recettes.

J'ai la fâcheuse tendance à entretenir la conviction illusoire que je peux apprendre n'importe quelle technique en lisant à son sujet. Je lis des livres comme celui-ci d'une traite et me dit « Ouais, ça y est! J'ai compris. J'ai pas besoin de faire ces sacrés exercices! » Si vous avez aussi cette tendance, je dois absolument vous répéter que la capacité à tomber dans le rien, à reconnaître et à dire la vérité, à cerner les désirs de votre cœur, à résoudre des problèmes de façon efficace et à prendre continuellement de petits risques, c'est bien différent quand on passe de la théorie à la pratique.

Après avoir pratiqué depuis des années le « rien-faire » aussi souvent que possible, par exemple, je peux maintenant atteindre un état de calme intérieur, qui se rapproche souvent de la torpeur, dans des situations qui m'auraient autrefois fait sortir de mes gonds. Après avoir passé des années à focaliser sur ce que j'estimais être la vérité, je peux maintenant reconnaître mes mensonges et sortir mes secrets de l'ombre plus rapidement. Les désirs que mon cœur entretient, désirs qui ont échappé pendant des années à mon conscient, ne se soucient même plus de se cacher. Quand j'ai des problèmes, j'ai tendance à faire preuve de créativité au lieu de baisser les bras. Et ma détermination à prendre des risques est devenue plus assurée du fait que j'en bénéficie. En fait, ce que je suis en train de vous dire, c'est qu'il faut mettre en pratique, mettre en pratique, mettre en pratique. Il faut que ces aptitudes deviennent partie prenante de vous parce que maintenant vous serez sur le terrain et vous jouerez un match contre un autre être humain. Faire usage de ces recettes dans le contexte de rapports humains créera un ensemble de nouveaux défis. Il vous faut donc mettre les principes de base en place d'abord.

DYNAMIQUE DES RELATIONS : UN PLUS UN ÉGALE TROIS

Mon professeur préféré d'arts plastiques avait l'habitude de dire à ses étudiants que, en dessin, un plus un égale trois. Pourquoi ? Parce que, lorsque vous dessinez deux choses sur une feuille de papier, trois choses attirent le regard : les deux choses que vous avez dessinées et l'espace entre elles. Vous avez peut-être déjà vu le dessin des vase-visages où deux profils dessinés face à face forment également un calice entre eux. Un visage plus un visage égale deux visages et un vase.

Dans les rapports humains, tout comme dans l'art, un plus un égale trois. Chaque association de deux personnes différentes forme une synergie unique, une réalité émotionnelle qui ne pourrait exister sans les deux parties et qui ne peut être remplacée par aucune autre combinaison. Il y a toujours un toi, un moi et un nous. C'est ce curieux troisième élément – cet unique « nous » formé par chaque « toi » et « moi » – qui permet aux êtres humains de maintenir le bien-être affectif chez eux.

Dire que nous sommes des êtres sociaux, c'est peu dire. En fait, les rapports avec les autres sont vitaux à chacun d'entre nous. Une personne qui est forcée de vivre dans l'isolement souffre énormément, même si elle dispose du gîte et du couvert jusqu'à la fin des temps. Les bébés que l'on ne prend pas dans les bras peuvent mourir. Les bébés que des adultes n'ont jamais fixés dans les yeux peuvent développer de sérieuses maladies mentales quand ils grandissent. Selon la psychologue Judith Hermann, une spécialiste dans le domaine des traumatismes, l'unité de référence de la survie physique est le chiffre un, alors que celle de la survie psychologique est le chiffre deux. Sans quelqu'un avec qui être en rapport, nous ne pouvons simplement pas avancer. C'est la règle pour tous et chacun.

Quand vous écoutez de la musique populaire, que vous regardez la télévision ou que vous allez au cinéma, il est toujours question de rapports affectifs. La culture américaine est particulièrement obsédée par les rapports affectifs sous la forme de l'amour romantique. Nombre de mes clients pensaient que tous leurs problèmes – malheur, manque de motivation, échec au travail, pied d'athlète – disparaîtraient comme par enchantement dès que la bonne personne tomberait amoureuse d'eux. Ainsi que je pouvais le voir, ces gens attendaient ce grand événement sans faire le moindre geste pour solutionner eux-mêmes leurs problèmes ou pour devenir la personne dont n'importe qui tomberait amoureux. Mais la vérité, c'est que l'amour romantique n'est pas une panacée et que n'importe quel rapport entre deux êtres humains, pas juste entre des amoureux, peut changer le monde.

Par exemple, je connais une femme qui a survécu à une enfance émotionnellement aride grâce à une brève rencontre avec une personne dont elle n'a jamais su le nom. « J'avais environ quatre ans, dit Chloé, et mon père m'avait emmenée à son bureau pour une raison ou une autre. Une des secrétaires réagit à moi d'une manière qui m'était inconnue. Tout son être a semblé s'allumer quand elle m'a vue. Je pense que c'était le genre de personne qui adorait tous les enfants. Pendant que mon père s'affairait dans son bureau, cette dame est venue vers moi et s'est accroupie. Nos yeux étaient au même niveau. Je n'arrive pas à me rappeler ce qu'elle m'a dit, mais pendant qu'elle parlait, elle m'a regardée droit dans les yeux. Je ne me rappelais pas que quiconque ait jamais fait ça avec moi. Je me rappelle avoir ressenti dans tout mon corps qu'elle me *voyait* ! »

Chloé ne réussit jamais à raconter cette histoire sans pleurer. Beaucoup plus tard, elle a cherché à retrouver cette sensation d'être vue et, comme elle savait ce qu'elle cherchait, elle l'a trouvé assurément. Elle n'a jamais revu la secrétaire. Pourtant, cet instant de rapport intime est le lien fragile qui a gardé Chloé en rapport avec l'humanité toute sa vie durant. Si vous avez le sens des relations humaines, vous pourrez transformer un nombre incalculable de vies humaines. Je sais à tout le moins qu'une de ces vies sera la vôtre.

ISOLEMENT CACHÉ

Dave, un de mes clients, est un athlète professionnel qui a l'habitude d'entendre des dizaines de milliers de gens crier son nom. Pourtant, en plein milieu d'une partie, quand il entend cet ouragan d'adulation, il se sent souvent désespérément seul. Hillary est une femme de scène populaire qui vient tout juste d'épouser un gars formidable. Ils passent toutes leurs journées ensemble (ils sont magnifiques à voir!), mais ils disent tous deux qu'ils se sentent plus isolés qu'avant de se marier. Sally, ministre du culte, est entourée de fidèles dévoués qui lui confient leurs pensées les plus profondes et pourtant, elle se sent si seule qu'elle commence à remettre en question sa foi en Dieu et en la race humaine. Joe est un meneur-né et ses employés passeraient bien leur vie entière à le suivre. Mais lui aussi est poursuivi par un terrible sentiment de solitude. Je pourrais vous donner des centaines d'autres exemples de gens qui ont réussi et qui sont aimés mais dont le problème principal est un sentiment d'isolement.

Le problème, c'est qu'entretenir des relations ou même être entouré d'immenses foules qui vous adulent, ce n'est pas la même chose qu'établir un rapport vrai de cœur à cœur. Les quatre personnes que j'ai décrites ci-haut (cinq si on ajoute le mari d'Hillary) ont toutes comme comportement d'éviter le contact vrai et profond. Pourquoi? Parce qu'établir un rapport avec un autre être humain est incroyablement risqué. Dès que vous entrez en rapport vrai avec une autre personne, il y a deux choses intimement liées à vous qui ne sont pas sous votre contrôle : l'autre personne et la relation qui vous lie. Cela veut dire que vous devenez susceptible d'être touché par toutes sortes de problèmes potentiellement ravageurs : le rejet, l'obligation, la blessure de cœur, la perte.

Pour les gens qui ont été blessés par une relation douloureuse dans leur enfance (c'est-à-dire tout le monde), une telle vulnérabilité est terrifiante. La plupart des gens ne sont pas capables de cerner la peur qui survient quand ils établissent un lien avec une autre personne. À la place, ils essaient de l'éliminer en contrôlant la situation. Un des mécanismes de contrôle est simplement de refuser toute forme d'intimité. La méthode la plus répandue, c'est d'essayer de contrôler les gens qui sont importants pour nous (amoureux, enfants, employés ou qui vous voulez) afin qu'ils ne nous blessent, ne nous quittent ou ne nous dominent jamais.

Ces méthodes de contrôle sont presque infinies. Un grand nombre d'entre elles n'ont pas l'air de contrôle au premier regard. Par exemple, ma forme préférée de contrôle est de plaire aux gens. Je me pousserais physiquement jusqu'à en avoir des hernies pour rendre les gens heureux dans l'unique but de ne pas avoir à tolérer l'horrible possibilité qu'ils ne m'aiment pas. J'agis ainsi même avec les gens que je déteste. Je peux vous dire que c'est plus qu'embarrassant. Bien entendu, je peux faire appel à l'occasion à d'autres techniques de contrôle, comme la manipulation, la rétention d'information et la bonne vieille crise de colère. Vous avez probablement les vôtres : indignation outrée, impuissance démesurée, faire honte aux autres, persuasion, violence, séduction, indifférence, mensonge, etc. Nous pourrions continuer ainsi toute la journée, n'est-ce pas ?

Si vous êtes le battant que je vous soupçonne d'être, vous pourrez passer quasiment tout votre temps à essayer d'acheter sans risque de l'amour en réussissant de façon spectaculaire dans la vie. Dave, l'athlète professionnel, a toujours cru que s'il pouvait arriver au sommet de son sport, il se sentirait enfin acceptable et serait assuré du fait que les autres ne le rejetteraient jamais. Hillary sentait la même chose face à son métier de scène et aux liens du mariage (une fois qu'un gars lui aura mis la bague au doigt, se disait-elle, il ne pourra ni l'abandonner ni lui faire mal). Sally s'est constituée un ministère parce qu'elle pensait que le fait d'être nécessaire à la vie spirituelle des gens lui garantirait un amour inconditionnel. Joe, le dynamique président de compagnie, pensait que s'il assurait un gagne-pain à d'autres, il pourrait relaxer et pérenniser par la même occasion leurs rapports. Ces gens sont allés à des extrêmes surprenants pour essayer de maintenir un rapport humain sans prendre le risque d'être blessé.

C'est chose impossible à faire.

Ce qu'il est possible de faire par contre, c'est de nouer des liens profonds et enrichissants qui vous feront sentir sain d'esprit et bien, peu importe ce que l'autre personne choisira de faire. Cela est possible en aimant inconditionnellement et unilatéralement. Mais est-ce que cette attitude ne nous garantit pas de nous faire blesser ? Non seulement elle vous garantit de vous faire blesser, mais elle vous garantit de vous faire blesser *à tout coup*. Certaines des personnes avec qui vous nouez des liens seront cruelles avec vous. D'autres seront autodestructrices. D'autres encore mourront avant vous. Ce sera tout simplement horrible. Mais aussi longtemps que vous ne réagissez pas en décidant de ne plus aimer, vous émergerez toujours – *toujours* – de ces situations avec davantage de joie que ces situations ne vous avaient procurée. Vous n'accéderez à la sécurité affective ni en trouvant une personne infaillible à aimer ni en contrôlant les gens qui sont faillibles. Vous y accéderez en vous servant constamment de votre capacité à nouer des liens. Donnez-moi un poisson et j'ai à manger pour un jour. Apprenez-moi à pêcher et j'ai à manger pour toujours. Alors, allons à la pêche.

UTILISEZ LES APTITUDES DU MENU DE LA JOIE POUR NOUER DES LIENS

L'Effet Hawthorne tire son nom de l'endroit où une usine d'allumettes est installée, à Hawthorne au Massachusetts. C'est une usine dans laquelle des experts en productivité ont un jour décidé de vérifier à quel point l'éclairage intérieur de l'usine pouvait affecter la productivité des ouvriers. Selon toute logique, plus il y aurait de lumière, plus les ouvriers travailleraient. Les experts ont donc commencé leur premier jour de test en réduisant l'intensité de la lumière. Et la productivité des ouvriers a augmenté radicalement ! Le jour suivant les experts ont réduit encore davantage l'intensité de la lumière et les ouvriers ont encore mieux travaillé. Les experts ont poursuivi ce manège jusqu'à ce que les ouvriers finissent par travailler dans un éclairage avoisinant celui de la lune. C'est à ce moment-là que leur productivité a commencé à baisser.

Que s'est-il passé ? En fait, il s'est avéré que l'éclairage n'avait quasiment rien à voir avec l'augmentation de la productivité des ouvriers. Ils travaillaient plus tout simplement parce qu'on les observait. L'impact psychologique de la présence d'une autre personne, de la présence de n'importe qui, est incroyablement fort, si fort qu'il peut faire sauter tous les autres facteurs du milieu ambiant.

Nous sommes tous susceptibles d'être exposés à diverses versions de l'Effet Hawthorne. Même si nous sommes hautement fonctionnels, le fait d'être en présence de quelqu'un d'autre est une tout autre histoire. Quand nous sommes en présence de certaines personnes, nous nous sentons détendus et à l'aise, alors qu'en présence de certaines autres personnes, nous sommes sur les dents. Certains de mes clients me remplissent d'énergie alors que d'autres me siphonnent. Mon travail, que ce soit dans mon bureau ou ailleurs, c'est de rester bien campée dans ma vérité et mon sens de moi-même, même si je sens que la présence de l'autre crée des remous énergétiques en moi. La meilleure façon d'y arriver, c'est de ne rien faire, et vous savez ce que je veux dire par rien faire.

Entretenir des liens – Étape 1 : Apprenez à trouver l'endroit de paix en vous en présence d'une autre personne

Si vous pensez qu'il est difficile de ne rien faire quand vous êtes seul, alors essayez quand le regard d'une autre personne est fixé sur vous. C'est ce que je fais chaque fois que je reçois un client et chaque fois ça me rend incroyablement nerveuse. Je commence en ne faisant rien pendant quelques minutes avant l'arrivée de mon client, juste pour lancer le mouvement.

Puis, quand la personne est en face de moi, je maintiens cette attitude : je continue de respirer profondément et de noter les pensées qui me viennent, tout en écoutant ce que me dit mon client. En fonction de mon objectif global de vie (ne rien faire et être payée), j'essaie de rester centrée durant toute la séance, quoi que dise ou fasse le client. Et j'échoue tout le temps. Mon attention dévie et j'essaie d'aider, d'impressionner, de convaincre ou de flatter le client (ou tout cela). Ça va. Ce qui importe, c'est que je remarque le moment où j'ai rompu le lien avec cette grande quiétude intérieure. Et alors, je ramène mon attention.

Je ne sais pas l'effet que cela a sur mes clients, mais cela en a certainement sur moi. J'ai découvert qu'il était impossible de ne rien faire en présence d'un autre être sans tomber en amour avec lui. Je ne veux pas dire par là que je suis mes clients jusque chez eux armée d'un appareil-photo et que je me cache dans les arbustes de leur jardin pour les photographier avec mon télé-objectif. Non. Mais, quand ils sont dans mon bureau et quand j'arrive effectivement à ne rien faire, je vois en chacun d'eux un être d'une beauté et d'une valeur telles que c'est difficilement supportable. Et c'est le cas aussi avec les gens que je n'aime pas – du moins que je n'aime pas avec le petit mental dont je me sers dans le quotidien. Certains clients semblent apprécier mes conseils et d'autres pas. Certains reviendront et d'autres pas. Parfois, je pense que je les aide et parfois je fais un si piètre travail que je ne sais plus où me mettre pendant des années. Rien de tout cela change le fait que, invariablement, en obser-vant une personne à partir de ce lieu de quiétude intérieure, ma vie en est approfondie et enrichie.

La même chose se produit quand vous considérez les gens que vous aimez à partir d'une attitude centrée de rien-faire. Quand vous ne faites rien, prendre soin d'un bébé qui hurle développe en vous l'empathie pour cet être, dont la nature très ambitieuse réside dans un si petit corps. Si vous ne faites rien pendant que vous regardez un ami à une autre table dans un restaurant, vous ressentirez tellement d'amour pour lui que cela vous scindera en deux. Allez retrouver ce grand silence quand vous êtes au lit avec votre tendre moitiée et vous verrez que tous les plus grands poèmes, chansons et peintures sur l'amour romantique font piètre figure. Ce lieu de paix intérieure est de l'amour pur, et à partir de lui, vous ne pouvez pas faire autrement que de nouer et renforcer des liens avec les gens qui se présentent dans votre vie.

Quand vous commencez avec la recette numéro 9, je vous suggère de vous concentrer sur des étrangers. Faites-le dans un café ou un aéroport en vous servant de la technique du rien-faire qui vous convient le mieux. Observez ce qui se passe quand votre regard passe de rien en particulier à cette femme qui s'est fait injecter une dose ridicule de Botox ou cet homme qui baisse les yeux quand la serveuse lui parle. Respirez, restez tranquille et observez vos pensées. Plus vous maintenez votre conscience dans le silence, plus vous verrez le cœur de ces gens.

Ensuite, servez-vous de ce rien-faire pendant des conversations banales entre amis ou collègues. Restez tranquilles, prenez un moment de répit. Vous remarquerez que, au lieu de vous distraire, le fait de ne rien faire vous permettra de percevoir et de comprendre plus clairement vos compagnons. Bien des clients m'ont dit qu'ils deviennent beaucoup plus intuitifs, beaucoup plus aptes à « lire » les gens.

La prochaine étape pour vous est de ne rien faire quand vous êtes en présence de gens que vous aimez. Vous en serez renversé ! Quand je le fais régulièrement, j'ai l'impression que je suis faite de cire chaude et que je m'étire et m'amollis afin d'absorber un fluide qui ne cesse de prendre de l'ampleur. Essayez de ne rien faire quand vous êtes en colère, triste, anxieux ou plein d'ennui. Vous verrez que vous réagirez moins négativement aux personnes qui vous sont chères. Vous sentirez moins de désir de contrôler les gens qui sont importants pour vous et plus de désir de simplement être présent quand ils sont là, ce qui est fort probablement tout ce qu'ils veulent de vous.

L'inconvénient de cette procédure est qu'elle vous amènera à aimer vraiment inconditionnellement les gens avec qui vous êtes en contact, qu'ils décident ou non de mal se conduire, de raconter des mensonges, de fumer du crack, de vous laisser tomber comme une vieille chaussette ou de conduire comme des fous et de se tuer. Mais en restant dans ce lieu de paix, même si vous avez le cœur brisé, vous noterez qu'il reste ouvert. Ne faites rien, nommez votre tristesse, votre rage et votre angoisse et vous verrez qu'elles se dissiperont beaucoup plus rapidement que si vous vous battiez pour ne pas les ressentir. Aussi, vous apprendrez beaucoup plus de ce processus. Donc, la prochaine fois que vous rencontrez quelqu'un qui correspond parfaitement au portrait de la personne dysfonctionnelle que vous trouvez irrésistible, vous résisterez sans même y penser. Un cœur ouvert peut se comparer à la batée du prospecteur. Il permet à tous les rebuts de s'éliminer et, une fois que la douleur est partie, seul l'or pur de la relation reste. Et cet or, vous le gardez à jamais, aussi longtemps que vous restez simplement présent.

Cultiver le rien-faire pendant qu'on interagit avec les autres sert à établir des liens parce que cela vous replace dans votre vérité et vous aide à voir la vérité des autres. Ce qui est faux, entre autres le contrôle, les peurs rattachées à nos personnalités ou vouloir l'attention, ne permet jamais d'établir de lien, peu importe le degré d'affection feint. Un seul instant de contact véritable, comme la rencontre entre Chloé et la secrétaire, vaut toutes les pseudo amitiés mielleuses. Le fait de rester tranquille dans le silence intérieur vous liera à ceux qui sont censés vous aimer. Cela tombera par contre sur les nerfs de ceux qui veulent vous avoir, bien que ce ne soit pas la raison pour laquelle vous le faites. C'est seulement un bonus.

Entretenir des liens – Étape 2 : Apprenez à vous dire la vérité pendant que vous interagissez avec quelqu'un

La plupart des souffrances que vous avez ressenties à cause des relations, solitude y comprise, parce que vous n'aviez pas de relation, sont de la « souffrance sale », c'est-à-dire un produit de la pensée. Si vous avez appris à vous dire la vérité, rien que la vérité, vous êtes à des années-lumière en avance sur la plupart des gens en ce qui concerne votre capacité à établir des liens. Je vous suggère de vous servir de la recette numéro 2 pour analyser une relation qui existe déjà. Choisissez une personne au sujet de laquelle vous passez beaucoup de temps à penser ou à ressasser des idées. Ce pourrait être une personne chère ou quelqu'un que vous détestez autant que l'huile de foie de morue. Ce pourrait être une vedette de cinéma que vous n'avez jamais rencontrée ou un amoureux de la petite école que vous n'avez pas vu depuis l'âge de bronze. Ce qui importe, c'est que vous vous sentiez lié à cette personne. Vous l'appellerez Qui Vous Savez (QVS).

Au moment où vous savez que vous allez penser à QVS, passez en revue les questions sur la vérité de la recette numéro 2 et répondez-y en ayant cette personne à l'esprit. Voici les questions, modifiées légèrement pour vous aider à penser en fonction de vos relations. J'entrerai dans les détails dans le texte qui suit.

QUESTIONS DE VÉRITÉ (EN FONCTION DE QVS)

— Qu'est-ce que je ressens au sujet de cette personne ?

— Est-ce qu'il y a quelque chose dans cette relation qui me blesse ?

— Quelle est l'histoire que je me raconte au sujet de cette personne ?

— Est-ce que je peux être sûr que mon histoire est vraie ?

— Est-ce que mon histoire fonctionne (pour m'aider à me sentir plus dégagé, plus sain et plus authentique dans cette relation) ?

— Est-ce que je peux penser à une autre histoire qui fonctionne mieux ?

Qu'est-ce que je ressens au sujet de cette personne ?

Rappelez-vous que vous devez vous en tenir aux descriptions de vos émotions, pas à des pensées, à des explications ou à des discussions sur ce que vous pensez qui se passera. « Je sens qu'il est un ogre abominable » est une pensée. « Elle devrait m'aimer davantage » est une pensée. Voici à quoi pourrait ressembler la description d'émotions : « Je suis enragée, dégoûtée et envieuse. J'ai l'impression d'avoir trois ans. » Ou « Je ressens de l'amour, de l'humiliation et de la frustration. » Vous n'avez pas à justifier vos émotions, ni à les amoindrir. Ressentez simplement ce que vous ressentez.

Est-ce qu'il y a quelque chose dans cette relation qui me blesse ?

À ce stade-ci, des éléments douloureux de la relation avec QVS commenceront à émerger. Il arrivera parfois qu'il n'y ait aucune souffrance. Comptez-vous chanceux ! Si, par contre, il y en a, ne craignez rien et couchez tout sur papier. « Je pense qu'il m'aime de cette façon-là et ça me fait frémir » pourrait être une réponse. « Je la déteste et elle a un poste plus important que moi dans la hiérarchie de l'entreprise » est un autre exemple. Allez-y à fond. Sortez toutes vos frustrations, vos déceptions et vos anxiétés. Mais n'oubliez pas que vous *devez uniquement parler de vos émotions, de vos pensées et de vos observations personnelles.* Vous pouvez faire mention des choses que QVS a faites, mais comme vous ne pouvez pas savoir ce que l'autre personne ressent, vous ne pouvez écrire de suppositions concernant les sentiments de QVS comme si c'était des faits.

Quelle est l'histoire que je me raconte au sujet de cette personne ?

Chaque fois que nous entrons en relation avec des gens, notre cerveau traite l'expérience de deux manières différentes et dans deux de ses zones différentes. D'un côté, nous recevons de l'information par nos sens et notre esprit analytique. De l'autre, nous générons une petite narration intérieure pour donner un sens à ce que nous observons. Et sans nous en rendre compte, nous tissons une histoire, décidant ce que l'autre personne a ressenti, pensé et voulu. Nous donnons l'impression d'observer simplement la vérité, mais en fait, l'histoire que nous nous racontons sur nos rapports interpersonnels est saturée d'interprétations personnelles. Un jour, alors que j'entrais dans un édifice public avec une collègue de travail, un vieux monsieur a tenu la porte pour nous laisser passer. Après être entrées dans l'édifice, une fois l'homme parti, nous nous sommes mises à parler : « Quel homme courtois ! » ai-je dit. Et elle a dit « Quel chauvin ! » Dans mon histoire, je voyais l'homme comme étant poli et bien élevé. Dans celle de ma collègue, elle le voyait comme un homme qui la considérait comme étant faible et son inférieure.

Un jour j'ai eu un client, nommé Pierre, qui voulait trouver la femme idéale mais qui était terrifié à l'idée de se faire rejeter. Lui et moi avons été enchantés quand il a rencontré Emily, le professeur d'aérobie de ses rêves. Leurs trois premières rencontres se sont déroulées à merveille. Puis, ça a été la catastrophe, du moins du point de vue de Pierre. Emily l'a appelé un jour pour lui dire qu'elle voulait remettre leur prochaine sortie parce qu'un de ses oncles était décédé et qu'elle devait aller à son enterrement.

« Évident, ce qui se passe, hein ? » dit Pierre après m'avoir raconté l'histoire.

« Hum, je pense que c'est évident, lui dis-je. Son oncle est mort et elle doit aller aux funérailles. »

Pierre grogna avec moquerie. « Oh, s'il vous plaît ! C'est à cause de mes cheveux. Elle a vu que je perdais mes cheveux. » Il était si convaincu de son histoire qu'il était prêt à mettre fin à la relation.

Est-ce que je peux être sûr que mon histoire est vraie ?

J'ai réagi si fortement à l'interprétation de Pierre (je pense que j'ai ri aux éclats pendant au moins une minute), qu'il a

décidé d'approfondir un peu la chose avant de porter un jugement définitif. En fouillant sur internet, il a découvert le site
d'un journal publié dans la ville où l'oncle d'Emily avait vécu
et où il était mort. Et comme de fait, le journal avait fait passer dans sa section nécrologie, une annonce pour quelqu'un
portant le même nom qu'Emily et dont les funérailles avaient
eu lieu le jour même où elle lui avait dit qu'elle devait y assister. La relation reprenait son cours.

Malheureusement, ce ne sont pas toutes les histoires sur
nos relations qui sont aussi faciles à vérifier. Nous portons tous
le contrecoup de notre enfance et émettons des suppositions
au sujet des motivations et des gestes des gens qui concordent
peut-être (mais pas nécessairement) à ceux des gens qui nous
ont élevé mais souvent pas de façon générale à d'autres. Par
exemple, ma mère avait l'habitude de faire son ménage quand
elle était très en colère. Pendant des années, chaque fois que je
voyais quelqu'un faire la vaisselle ou épousseter un abat-jour,
je pâlissais de frousse à l'idée que le calme extérieur de cette personne cachait une furie intérieure. Ce genre de supposition peut
être si profonde et si intégrée que, à moins que nous puissions
décoder notre histoire, nous ne savons même pas que nous nous
en racontons une. C'est quand nous commençons à décoder nos
histoires que nous commençons à entretenir des liens sains.

Est-ce que mon histoire fonctionne (pour m'aider à me sentir plus dégagé, plus sain et plus authentique dans cette relation)?

Si vous croyez une chose sur une autre personne et qu'elle
n'est pas vraie, le lien que vous entretenez avec cette personne
sera plein de malentendus et de misères. Quand nous croyons
des histoires qui ne sont pas vraies, nous agissons de façons qui
semblent insensées aux yeux des autres, puisque les motivations et les sentiments de nos interlocuteurs ne correspondent
pas à ce que nous croyons. Par exemple, ma cliente Hillary pensait que les manières calmes et réservées de son mari voulaient
dire qu'il ne ressentait plus de passion pour elle. Lui, de son

côté, restait froid parce qu'il se sentait humilié et pensait que les réactions sèches et enragées de sa femme signifiaient qu'elle n'avait pas envie de faire l'amour avec lui. Leurs histoires respectives s'entretenaient l'une l'autre et créaient une distance de plus en plus grande entre eux sur des problèmes dont ils n'avaient jamais parlé ensemble.

Si une relation ne fonctionne pas, à la maison ou au travail, c'est habituellement parce qu'une partie (ou les deux) est attachée à une croyance sur l'autre qui n'est pas vraie. Il peut s'agir d'une mauvaise interprétation ou qu'une des deux personnes mente ou cache des secrets. L'une et l'autre situation créent une sensation de folie, de choses qui n'ont pas de sens. Si vous vous sentez ainsi, c'est peut-être que vous croyez à des mensonges, que ce soient ceux que vous vous racontez ou ceux que quelqu'un vous raconte.

Est-ce que je peux penser à une autre histoire qui fonctionne mieux ?

Quand nous nous libérons des chaînes du mensonge et que nous nous permettons d'adopter une attitude d'esprit « je ne sais pas » en ce qui concerne une relation, nous découvrons peut-être que nous en savons beaucoup plus sur la vérité que ce que nous pensions. Shari fréquentait une homme charmant qu'elle aimait beaucoup mais elle sentait que quelque chose clochait. Un jour, je lui ai demandé de simplement s'ouvrir l'esprit et de voir ce qu'elle sentait être la vérité. Elle se concentra pendant une minute puis me dit : « Des enfants. Il a des enfants et il ne veut pas s'en séparer. » Son ami ne lui avait jamais mentionné avoir femme et enfants. Mais quand Shari le mit au pied du mur, il lui avoua que c'était le cas. Il lui assura qu'il n'aimait pas sa femme mais qu'il refusait de divorcer en raison de l'impact que cela pourrait avoir sur les enfants.

En passant, je ne pense pas que cette déduction était liée à des dons médiumniques chez Shari. Nous, les humains, nous relevons de très subtils signaux de la part des autres, au point où nous pouvons même détecter beaucoup de choses chez une autre personne juste en faisant confiance à notre instinct. Mais n'oubliez pas, avant de considérer une intuition comme étant une vérité absolue, faites des vérifications. L'attitude d'esprit « Je ne sais pas » est bonne pour les relations, et non l'attitude « Je sais tout ».

Entretenir des liens – Étape 3 : Identifiez ce que vous voulez dans la relation

Mes clients me disent souvent qu'ils font attention de ne pas exprimer leurs véritables besoins et désirs dans une relation. Ils considèrent cela comme une vertu. « Je ne dirais jamais à ma mère à quel point je veux déménager loin d'elle, cela la tuerait. » « J'aimerais bien que ma femme comprenne à quel point il est difficile pour moi de gagner autant d'argent qu'elle veut que je gagne. Mais bien sûr, je ne lui dirai rien parce qu'elle se sentirait coupable. » « Ce que j'aimerais, c'est qu'on parte ensemble en voyage. C'est ce qu'il me dirait s'il m'aimait vraiment. »

Si vous faites partie de ces aspirants silencieux, j'aimerais vous dire ce que j'ai dit aux clients que je viens de citer : « *Vous êtes complètement fou ou quoi ?* » Comment espérez-vous obtenir ce que vous voulez d'une relation si vous ne le précisez jamais ? Vous avez la responsabilité d'identifier et d'exprimer les désirs que vous voulez voir se réaliser dans la relation, de votre mariage au bavardage quotidien avec votre directeur. Il faut à tout le moins que vous le précisiez dans votre esprit. Quand on réussit à préciser, on détient la clé qui permet d'éliminer l'attente malsaine, à savoir que l'autre lise dans nos pensées et qu'il sache comment combler nos désirs avant nous.

Si vous ressentez de la colère, que voulez-vous *exactement* que l'autre fasse ou arrête de faire ? Si vous ressentez de l'amour, voulez-vous l'exprimer ? Voulez-vous que ce soit réciproque ou vous suffit-il d'aimer pour que vos besoins soient comblés ? Si vous vous sentez triste, sachez que c'est une réaction à une perte et que vous devez faire le deuil jusqu'au bout. Déterminez si vous avez besoin de parler, de compagnie silencieuse ou de toute autre forme de réconfort. Si vous ressentez de la peur, ayez le courage de l'admettre et décidez ce que vous voulez vraiment faire de toute façon.

IDENTIFIEZ CE QUE VOUS VOULEZ
DANS LA RELATION AVEC QVS

Allez-y, dites-le sans retenue. Utilisez une autre feuille si besoin est. Soyez très précis.

1.

2.

3.

4.

5.

Entretenir des liens – Étape 4 : Risquez l'ouverture

Je ne vous recommande pas d'appeler QVS tout de suite et de lui balancer chacune des pensées que vous venez d'examiner et mettre sur papier. Trop d'information en même temps, ce n'est parfois pas bon. Faites confiance à vos désirs : ils vous conseillent quand et comment transmettre cette information, et ils vous disent en plus ce dont vous avez besoin dans la relation. Quand vient le temps de s'ouvrir sur quelque chose, vous le saurez parce que vous aurez envie de le dire. Vous voudrez que l'autre personne le sache. Il est possible que vous soyez terrifié par l'état de vulnérabilité que vous ressentez quand vous vous ouvrez, mais le désir vous poussera de toutes façons à le faire. Suivez votre intuition.

QUE DEVRIEZ-VOUS DIRE À QVS
SI VOUS N'AVIEZ PAS PEUR?

Peu importe votre degré de crainte, écrivez ce que votre cœur veut que QVS sache.

1.

2.

3.

4.

5.

Les principaux regrets de mes clients ne concernent jamais le fait de risquer trop. Ils regrettent plutôt ce qu'ils n'ont pas dit à un être cher ou à un ennemi, ce qu'ils n'ont pas demandé à leurs parents avant qu'il ne soit trop tard, ce qu'ils n'ont pas dit en public quand ce qu'ils avaient à dire aurait pu changer les choses. Cela fait terriblement mal de s'ouvrir et que la réaction de l'autre soit méchante ou malhonnête. Cela fait encore plus mal quand vous vous taisez que lorsque votre cœur parle. Mais il y a des fois où vous pouvez faire le grand saut terrifiant, où vous osez être ouvert sans savoir que vous serez bien reçu. C'est la conviction de votre désir qui fait que cela marche. Dieu du ciel, c'est la meilleure sensation que vous aurez jamais !

J'ai traversé une période à un moment donné (ma seconde et turbulente grossesse) où ce qui semblait être comme de la malchance s'est transformé en un extraordinaire privilège. J'ai fait l'expérience de choses que je pourrais seulement qualifier de miraculeuses, choses qui ont chamboulé mon monde. Je les ai gardées secrètes pensant qu'on me bourrerait de médicaments et qu'on m'enfermerait si j'en parlais à quiconque. Pourtant, je voulais désespérément raconter à quelqu'un ce qui m'était arrivé et comment je m'étais sentie. J'ai commencé à en parler à quelques personnes, avec une crainte qui était en partie justifiée. Certains de mes amis ont réagi magnifiquement tandis que d'autres ont pensé que j'avais un peu perdu la boule. À ma grande surprise, j'ai découvert que l'humiliation ressentie à cause des réactions négatives était plus que contrebalancée par le sentiment de connexion ressenti avec les gens ayant eu des réactions positives. Même à ça, j'avais l'impression d'être une bizarrerie dans le contexte de l'humanité en général. Comme mon véritable moi voulait tout de même se sentir en lien avec le monde entier, j'ai fini par écrire cette expérience sous forme de roman, pensant que ce serait une façon sécuritaire de m'ouvrir sans en fait m'ouvrir vraiment. Mon éditrice a insisté pour que j'écrive ce livre sous la forme d'une histoire personnelle, pas d'un roman. Mes désirs correspondaient à son point de vue.

J'ai commencé à rédiger mes mémoires en intitulant le fichier électronique « Au secours ! » Je tremblais littéralement de peur. Je raconte au début l'histoire authentique de l'étrangère qui avait reçu un message pour moi de la part de mon fils (âgé de trois ans et qui ne parlait pas) : « Tu ne seras jamais autant blessée en étant ouverte que tu as été blessée en restant fermée. » À l'époque où cela s'est produit, cette phrase était du charabia pour moi. Mais des années plus tard, elle m'a insufflé la confiance dont j'avais besoin pour écrire la vérité.

Depuis que ce livre a été publié, j'ai reçu plusieurs centaines de lettres et de messages électroniques de lecteurs du monde entier. Une poignée d'entre eux a précisément eu la réaction que je redoutais chez tous : ils pensaient que j'étais totalement maboule et que je devais voir un psychiatre avant que je cause du tort aux gens. Mais l'immense majorité des messages sont venus de gens qui sont plus bienveillants, indulgents, compréhensifs et ouverts que je n'aurais cru possible. Bien que je n'aie pas le temps de répondre à tous (si vous m'avez envoyé un message, je l'ai lu, merci), je sens que chaque personne est une âme sœur, un véritable ami dont j'aurais ignoré l'existence si je n'avais pas pris un risque qui me semblait alors énorme.

Ce n'est qu'un exemple du genre de choses qui se produisent quand vous entrez dans le silence intérieur de votre être véritable, que vous apprenez ce qui est le plus vrai pour vous, que vous vous permettez de sentir ce que vous voulez en faire et que vous prenez le risque de communiquer ouvertement dans toutes vos relations. Ces quatre étapes instaurent des liens entre chacun de nous et avec le reste de l'humanité. Ce sont ces liens précieux qui nous permettent d'être heureux, en santé et en compagnie. Vous avez ce qu'il faut pour y arriver. Alors, je vous mets au défi de le faire.

RECETTE NUMÉRO 9 : ENTRETENIR DES LIENS
EXIGENCES QUOTIDIENNES MINIMALES

Apprenez d'abord à maîtriser les cinq premières recettes : ne rien faire, vous dire la vérité, identifier les désirs de votre cœur, utiliser votre créativité et oser prendre des risques. Mettez ces recettes en pratique jusqu'à ce qu'elles vous deviennent familières, si ce n'est automatiques. Ne vous inquiétez pas si cela prend du temps. Vous avez tout le temps.

1. *Apprenez à trouver l'endroit de paix en vous en présence d'une autre personne.*

2. *Apprenez à vous dire la vérité pendant que vous interagissez avec quelqu'un.* Tout en pensant à quelqu'un qui sollicite beaucoup votre énergie mentale, posez-vous les questions que vous avez apprises pour trouver votre vérité. Ces questions, modifiées pour les besoins des relations, sont les suivantes :

- Qu'est-ce que je ressens au sujet de cette personne ?
- Est-ce qu'il y a quelque chose dans cette relation qui me blesse ?
- Quelle est l'histoire que je me raconte au sujet de cette personne ?
- Est-ce que je peux être sûr que mon histoire est vraie ?
- Est-ce que mon histoire fonctionne (pour m'aider à me sentir plus dégagé, plus sain et plus authentique dans cette relation) ?
- Est-ce que je peux penser à une autre histoire qui fonctionne mieux ?

3. *Identifiez ce que vous voulez dans la relation.* Soyez très honnête et très précis en ce qui concerne vos désirs. La responsabilité vous incombe de les formuler.

4. *Risquez l'ouverture.* Quand le désir vous pousse à parler d'une chose que vous portez dans le cœur, osez vous exprimer même si une partie de vous est terrifiée.

RECETTE NUMÉRO 10

Festoyer

Festoyez au moins trois fois par jour.
Avec de la nourriture ou sans.

J e vivais à Singapour à cette époque. J'étais aux États-Unis pour assister au mariage de ma sœur et une semaine plus tard, j'étais de retour en Asie. Ces deux grands décalages horaires en moins de dix jours avaient mis mes rythmes circadiens sens dessus dessous. Dans le vol du retour, j'avais eu l'agréable surprise de trouver, dans le magazine de *Singapore Airlines*, un article sur le décalage horaire et sur la façon de le surmonter. Selon cet article, il suffisait de programmer les apports alimentaires. Les voyageurs devaient donc manger à certaines heures, selon le nombre de fuseaux horaires qu'ils avaient traversé et strictement s'abstenir de s'alimenter pour le reste de la journée. Cet article donnait plusieurs exemples de programmes festoyer-jeûner pour plusieurs itinéraires différents. Je me suis donc hâtivement intéressée à l'itinéraire qui ressemblait le plus au mien. Le diagramme mentionnait quelque chose comme « festoyer, jeûner, festoyer, jeûner, festoyer, jeûner », un peu comme si l'auteur envoyait un message secret dans une sorte de morse diététique. Mais dans mon incohérence aveugle, j'ai mal lu la série de mots. J'ai donc pensé que le diagramme disait « festoyer, festoyer, festoyer, festoyer, festoyer, festoyer ».

Je me souviens avoir ressenti ce signal révélateur, un sourire spontané, parcourir tout mon corps. J'avais enfin l'autorisation de festoyer sans arrêt! En tant qu'Américaine, j'avais grandi en pensant qu'une poignée de morceaux de céleri était tout ce qu'il y avait de mieux pour s'alimenter. Je ne me rappelais pas avoir festoyé depuis ma plus tendre enfance. À ce moment-là, le terme *festoyer* me ramena une ribambelle de souvenirs de mes quelques premières fêtes d'Action de grâce, quand j'étais trop petite pour me préoccuper de mon régime alimentaire : un agréable mélange de sons, de visions et d'odeurs qui virevoltaient autour de moi pendant que toute la famille se retrouvait dans la cuisine pour cuisiner (mes sept frères et sœurs et moi avions tous un plat à préparer). Ensuite, je nous revois tous assis autour de deux tables recouvertes de toutes les victuailles que nous avions préparées. Mon père, un petit homme sec et nerveux, nous rappelait alors comment nous devions reconnaître que nous avions assez mangé : tout d'abord, il y aurait un éclair aveuglant et ensuite, après quelques autres fourchetées, tout deviendrait noir. Les festins de mon enfance étaient bruyants et drôles, turbulents et merveilleux. Et j'avais pris pour acquis que c'était du passé.

Il ne m'a fallu que quelques secondes pour réaliser, dans l'avion, que j'avais mal lu l'article. Non, je n'avais pas la permission de festoyer sans arrêt. Je venais seulement de découvrir une nouvelle forme de discipline alimentaire à imposer à mon infortuné corps. Je me rappelle avoir poussé un soupir de déception résignée. Mais malgré tout, quelque chose avait changé en moi. Pour la première fois depuis des années, je m'étais permise de m'imaginer menant une vie de festins. Et ce bref aperçu plut tellement à mon véritable moi qu'il n'a jamais complètement disparu de mon esprit. Il m'a fallu dix ans de plus pour réaliser que non seulement je pouvais «festoyer, festoyer, festoyer, festoyer, festoyer, festoyer», mais que je le devais. Maintenant, j'essaie de vivre ainsi tout le temps. Je ne veux pas dire que je mange sans arrêt, je veux dire que je me rappelle constamment à moi-même de revenir à l'esprit du festin, d'observer les rituels des festivités. De cette façon, les expériences qui m'arrivent affublées du qualificatif « ordinaire » deviennent des festins pour l'appétit, les sens, l'esprit, le cœur.

Il vous est recommandé aussi de festoyer beaucoup, au moins trois fois par jour. Et si vous ne le faites qu'à moitié, vous devriez festoyer plus souvent. Pour ce faire, vous devrez adopter une attitude d'esprit qui sera le pendant de votre gâterie. Quand vous vous faites une petite gâterie, l'objectif est de reconnaître le côté animal, utile et bien intentionné de votre être, et de lui jeter quelques récompenses pour l'amener à faire des choses qu'il ne ferait pas sinon. Mais quand vous festoyez, vous mettez l'accent sur votre capacité uniquement humaine à vous émouvoir et à vous laisser inspirer par des situations qu'un animal ne remarquerait même pas. Vous pouvez appeler cet aspect de vous comme vous voulez : conscience supérieure, âme, capacité à penser symboliquement, esprit. Alors qu'une gâterie ne vous offre qu'une petite récompense tangible mais spéciale, un festin doit ramener votre attention sur les aspects sublimes des choses qui, au premier coup d'œil, peuvent passer pour ordinaires.

Une gâterie peut devenir un festin, mais pas obligatoirement. Inversement, un festin peut comprendre des gâteries spéciales, mais ce n'est pas obligé. Par exemple, une gâterie consisterait à vous préparer votre sandwich préféré pour le lunch. Sans plus. Si vous y pensez, vous pourriez aussi faire de cette gâterie une fête en suivant les étapes de la recette numéro 10. Avec ces étapes, votre attention consciente sera concentrée sur l'effet que votre sandwich a sur votre esprit (réconfort, plaisir, sentiment d'abondance). Plus tard dans la journée, vous pourriez faire quelque chose de très habituel, comme d'exécuter le travail que vous aimez depuis des années, et soudain avoir envie d'en faire une fête. Vous pouvez le faire sans changer un iota à votre routine habituelle. Les étapes pour arriver à cet esprit de fête sous-entendent la canalisation de l'attention, pas l'obtention de récompenses.

Ce chapitre décrit la façon d'organiser et de mener à bien une fête, un festin. Il vous donne aussi quelques suggestions de fête, festin ou célébration. Une fois que vous aurez bien démarré, je suis certaine que vous saurez broder autour de ces suggestions et que vous imaginerez de nouveaux trucs qui vous correspondent beaucoup plus.

COMMENT FESTOYER

Le sens le plus communément employé pour le terme festin est bien entendu celui d'un grand repas. Le petit-déjeuner, le lunch ou le souper peuvent certainement servir pour la recette numéro 10, et ce, n'importe quel jour. Cependant, la plupart des festins (ainsi qu'ils sont définis dans ce livre) ne font pas entrer en jeu la nourriture. Par ailleurs, une grosse quantité de nourriture ne sera pas automatiquement considérée comme un festin. Un empiffrage en bonne et due forme, par exemple, est l'exact opposé d'un festin tel que vu par ce livre. S'empiffrer, c'est s'isoler, se rendre malade et ne pas goûter ce que l'on mange. C'est soustraire le plaisir autant aux sens qu'à l'âme. Par contre, écouter une symphonie ou fixer la courbe du coude gauche de votre amoureux ou amoureuse peut certainement être considéré comme un festin, pour peu que vous leur accordiez le type juste d'attention. Ce n'est pas tant la présence de nourriture et de boisson qui fait un festin, mais l'enchaînement de trois éléments : la célébration, l'assouvissement et la gratitude. Abordons maintenant chacun de ces éléments et voyons ensuite comment nous pouvons les combiner pour arriver à la recette numéro 10.

Festoyer – Étape 1 : Créez un contexte de célébration

La célébration n'est pas seulement du bonheur ou de l'enthousiasme, c'est du bonheur ou de l'enthousiasme manifesté dans un comportement, en particulier sous forme de rituel. Un rituel consiste en un ensemble de comportements destinés à montrer que votre âme (ou votre être véritable ou conscience symbolique) trouve un sens profond dans ce que vous faites.

Vous pouvez adopter les rituels de votre culture ou de votre tradition, ou bien vous pouvez les inventer. D'une façon ou d'une autre, ces rituels dirigent votre attention vers le sens symbolique de vos gestes. « Les rites, dit le renard imaginaire d'Antoine de Saint-Exupéry dans *Le petit prince*, sont des gestes trop souvent négligés. Ils sont ce qui fait qu'un jour diffère de l'autre, qu'un moment diffère de l'autre. » Un rituel, même s'il est simple, dessine un contour autour d'une certaine activité, à la façon dont un cadre encadre une peinture. Un rituel distingue l'activité de la vie ordinaire d'une façon qui met l'accent sur la beauté et le plaisir. Ce faisant, ceux qui procèdent au rituel deviennent plus conscients de sa signification.

Une des premières fois où j'ai pris une boisson alcoolisée, c'était dans une région viticole de la Suisse. Nous étions entre amis et soupions ensemble. Comme j'avais grandi dans le pays des buveurs de thé, je ne connaissais absolument rien des conventions personnelles et sociales liées à la consommation du vin. Le propriétaire du vieux petit restaurant où nous mangions un ragoût de lapin nous versa à chacun un verre du meilleur cru du coin. Nous avons trinqué et alors que je me préparais à lamper mon vin comme si c'était du Kool-Aid, un de mes amis, qui est un gentilhomme suisse fort pimpant doté d'une moustache en guidon de vélo, m'arrêta dans mon geste.

« Ce n'est pas ainsi que l'on boit du vin, me dit-il. Il faut lever son verre tout en regardant chaque personne du groupe. Et je veux dire vraiment en les *regardant*, dans les yeux. Et réfléchir à ce qu'elles signifient pour vous. Puis, une fois qu'on a vraiment vu tout le monde, on prend une gorgée de vin. » Le silence se fit dans le restaurant alors que nous suivions les instructions de mon ami. Puis, le repas prit soudainement une ambiance de solennité. J'ai réalisé pour la première fois ce soir-là à quel point mes amis étaient rayonnants et à quel point ce précieux moment que nous partagions était précieux, car il n'avait jamais existé auparavant et ne se représenterait plus. Au cours de la soirée, nous sommes passés des échanges calmes et plutôt cérébraux à des moments d'hilarité débridée, et vice versa, plusieurs fois. Mais cette solennité ne s'était pas effacée. J'ai observé ce rituel avec toutes sortes de boissons depuis, même quand personne ne s'en doute. C'est ce qui fait que je suis régulièrement éblouie par le côté sacré des festins, que le repas soit un souper romantique aux chandelles ou un coca-cola et un sac de chips que je partage avec mon chien.

Les sociologues émettent l'hypothèse que les populations civilisées et modernes ont perdu une grande partie de leur résonance et résilience psychologiques parce qu'elles n'observent que très peu de rituels. Notre culture n'a retenu que quelques pâles reliques des rituels célébrés autrefois par les anciennes peuplades. Nous assistons à des fêtes d'anniversaires ou de baptêmes, nous allons à la messe ou à la synagogue pour des occasions spéciales comme Noël, Pâques ou Yom Kippour. Mais nous ne sommes pas un peuple friand de rituels, ce qui je pense laisse un vide en nous que notre nature profonde a en sainte horreur. À l'époque où j'interviewais des toxicomanes, j'ai été frappée par les rituels précis qui sous-tendaient leur comportement de dépendance, les rites bien ordonnés qu'ils suivaient en se préparant à prendre leur drogue ou à se rendre au casino. J'ai remarqué que c'était le rituel, tout autant que le comportement de dépendance, qui les calmait, qui les aidait à noyer la souffrance qui leur servait de moteur. J'ai commencé à me dire qu'ils avaient besoin d'un rituel quelconque tout autant qu'ils pensaient avoir besoin de leur addiction.

J'ai observé mes trois propres enfants, qui ont grandi avec très peu de rituels, créer leurs propres façons de formaliser des célébrations, un peu comme si ce besoin était préprogrammé dans leur cerveau. Une année, alors que je leur enseignais la différence entre Noël, Hanukkah et Kwanza, les enfants m'ont demandé quelle était leur propre tradition à eux. Je leur ai expliqué que leurs ancêtres étaient celtes et scandinaves, et que nous devrions peut-être observer la célébration du solstice d'hiver, par exemple en portant des casques de Vikings, en se peignant le visage en bleu et en mangeant du gibier. Je plaisantais bien sûr, mais les enfants ont trouvé l'idée si chouette que nous avons effectivement commencé à célébrer le solstice d'hiver de cette façon (le gibier a cependant été remplacé par du steak!). C'est ainsi devenu un de nos rituels annuels préférés, un rituel qui renforce les liens entre nous parce qu'il renforce la croyance des autres que nous sommes fous.

Ce ne sont pas tous les rituels qui sont si élaborés ou si peu fréquents. Dans notre famille, nous avons également de petits rituels pour marquer de petites célébrations, entre autres regarder notre émission préférée de télévision. Juste avant que l'émission ne commence, nous nous rassemblons tous et nous nous installons de façon bien précise sur le sol et dans les fauteuils. Nous n'avons jamais parlé de ce petit rituel, mais nous le connaissons tous et ne le modifions pas, sauf s'il y a véritablement une contrainte. Les rites de célébration sont en fait plus importants pour nous, plus rassembleurs que n'importe quelle émission de télévision.

Vous êtes probablement déjà habitué à procéder à de multiples petits rituels, que vous le réalisiez ou pas. Par exemple, il se peut que vous suiviez le même enchaînement de gestes chaque soir avant d'aller au lit, quand vous allez boire un café avec un ami ou quand vous faites de l'exercice. Dans l'encadré ci-dessous, inscrivez tout ce que vous faites qui peut comprendre un enchaînement particulier de gestes. Lisez-vous le journal dans le train quand vous allez travailler? Mâchez-vous de la gomme pendant que vous inscrivez votre solde sur votre chéquier? Inscrivez tout, même si c'est très banal.

RITUELS QUE J'OBSERVE DÉJÀ

1.

2.

3.

4.

5.

Peu importe ce que sont vos rituels. L'important ici est de remarquer qu'ils créent un cadre de comportement répétitif qui isole un certain geste ou une certaine situation du reste de votre vie. Prenez le temps d'observer ces rituels. Il est fort possible que vous ne les ayez jamais considérés comme des occasions de célébrer. À partir de maintenant, je veux que vous respectiez chacun d'eux comme étant un rite sacré, un passage du monde ordinaire au monde de la fête.

Si vous pensez n'avoir aucun rituel, vous avez probablement tort. En lisant la section suivante, qui concerne le contenu des célébrations, vous découvrirez probablement vos propres rites. Sinon, vous les créerez une fois que vous aurez compris en quoi consiste le cœur de toute célébration : l'assouvissement.

Festoyer – Étape 2 : Laissez-vous être assouvi

Mes amis toxicomanes, malgré tous leurs rituels de dévotion, n'ont jamais profité de ce qu'ils ont utilisé pour modifier leur état d'esprit. Pourquoi ? Parce qu'ils se servaient de comportements et de substances qui les amenaient à se dissocier de la réalité et qu'ils se perdaient dans une espèce de brouillard qui les coupait de la souffrance mais aussi de l'amour, du plaisir et de l'assouvissement. Une véritable fête consiste en une activité qui vous assouvit vraiment : amour, apprentissage, expression de vos pensées et talents. Elle vous permet d'ancrer votre esprit dans votre corps. Je vous parlerai de plusieurs catégories de choses que vous pouvez classer parmi les fêtes, les festins, les célébrations. Mais je commencerai ici par l'élément le plus important : la nourriture.

Célébrer avec la nourriture

Oui, finalement, après avoir lu un livre entier de « recettes », vous avez enfin trouvé quelque chose qui parle de vraie nourriture. Ce n'est pas parce que *La joie au menu* s'adresse en particulier à l'âme plutôt qu'au corps qu'il évince tout ce qui a rapport à l'alimentation.

RÈGLES ALIMENTAIRES DU MENU DE LA JOIE

1. Vous devez seulement manger ce que vous aimez vraiment.

2. Vous devez vraiment aimer tout ce que vous mangez.

Cela veut dire que si vous voulez réellement un *sundae* au chocolat et que vous essayez de vous contenter de brocoli cru, vous manquez totalement le bateau. Par contre, si vous y allez à cœur joie avec votre *sundae* et que vous commencez à sentir que vous en avez assez, il faut vous arrêter de manger même si votre coupe est encore à moitié pleine.

J'ai adopté ces deux règles comme façon de normaliser ma façon de manger, chose qui, croyez-moi, n'a pas été facile. Comme j'ai eu quelques troubles de l'alimentation quand j'étais jeune, je sais ce que c'est de jeûner et de s'empiffrer. Quand j'ai décidé de m'astreindre à ces deux règles, le fait de penser à me syntoniser sur mon appétit et de lui obéir m'a d'abord donné l'impression que le renard était dans le poulailler. J'étais sûre que je m'empiffrerais tellement que je finirais par ressembler à une bibliothèque municipale. Mais après des années d'expérimentation un peu hésitante, j'ai réalisé que mon corps voulait seulement trouver son propre poids normal et ses propres façons de se nourrir.

Il est vrai que je suis passée par une phase au cours de laquelle j'ai dévoré suffisamment de chocolat pour causer une hausse radicale des actions du marché du cacao. Mais il ne s'agissait pas tant des besoins réels de mon corps que de celui de ma psyché, parce que je m'étais refusé pendant si longtemps toutes les bonnes choses. J'ai résolu le problème (je vous suggère d'essayer de le faire) en m'entourant de plus de tablettes de chocolat de qualité que je ne pourrais manger en vingt ans.

J'ai décidé d'essayer cette méthode après une conversation que j'ai eue avec le gérant d'une boutique de chocolats fins. Je lui ai demandé comment lui et les autres employés s'y prenaient pour ne pas se bourrer sans arrêt de chocolat. « Au début, nous avons eu des problèmes avec ça. C'est quand les employés n'avaient pas le droit de manger quelque produit que ce soit. Mais les propriétaires ont établi la règle que les employés pouvaient manger autant de chocolat qu'ils voulaient. Maintenant, chaque fois que nous embauchons quelqu'un, je sais que l'employé passera ses trois premières journées de travail dans l'arrière-boutique à s'empiffrer. Ensuite, les choses finissent par s'équilibrer et il mange environ trois chocolats par jour. Ce qui est totalement prévisible. On ne peut pas arrêter d'aimer le chocolat quand on peut en avoir tant qu'on veut. On arrête tout simplement de vouloir en manger beaucoup. »

Je crois que la raison à cela est que notre psyché (ainsi que notre chimie biologique) nous dit d'accumuler toutes les bonnes choses qui se font rares. Affamez-vous et vous verrez que votre corps voudra s'empiffrer. Il emmagasinera chaque calorie sous forme de graisse pour vous préparer à la prochaine famine. En revanche, si vous vous donnez la permission de manger tout ce que votre corps demande vraiment, vous serez surpris de le voir adopter une démarche très diététique. Les pédiatres disent tous que si on laisse les jeunes enfants se débrouiller tout seuls (même ceux totalement non contrôlés par *Weight Watchers*), ils s'alimenteront de façon saine et équilibrée. Et il en sera de même pour les adultes, à moins qu'ils ne mangent pour des raisons autres que la faim biologique.

Mais ce « à moins » est d'une grande importance. N'oubliez pas ceci : *Si vous ne suivez pas les autres recettes du menu de la joie, une alimentation incontrôlée ne peut pas se traduire par un menu sain*. Si vous êtes incapable ou non disposé à rester tranquillement assis, à affronter les vérités difficiles, à préciser vos désirs, à utiliser votre créativité, à prendre des risques, à jouer, à rire, à pleurer ou à établir des liens avec les autres, alors vous donner la permission de consommer tout ce que vous voulez vous fera manger autant qu'une machine à réduire le bois en copeaux. Incidemment, si vous n'êtes pas capable ni disposé à adopter les recettes du menu de la joie, il y a de fortes chances pour que vous échouiez avec n'importe quelle sorte de régime strict que vous adoptiez : le régime à haute teneur en protéines, le régime aux pamplemousses, le régime aux calamars, etc. Manger est un réconfort si simple et si fiable que, si nous ne prenons pas soin de notre âme, il est très facile d'attraper l'habitude de se servir de la nourriture pour détourner notre attention de la souffrance qui n'a rien à voir avec l'appétit physique.

Alors, si vous suivez les neuf premières étapes précédentes, il vous sera beaucoup plus facile de dire ce que votre corps veut manger et ce qu'il ne veut pas manger. Vous devriez lui donner précisément ce qu'il demande sans reproche, jugement ni parcimonie. Au moins une fois par jour, dépensez quelques dollars ou Euros de plus pour vous offrir un repas vraiment satisfaisant plutôt que de vous contraindre à prendre un repas meilleur marché mais insatisfaisant. Demandez la version à haute teneur en gras au lieu de la version à faible teneur en gras, ennuyeuse et insipide, qui est proposée comme substitut. Demandez à votre corps ce qu'il veut et il vous dira exactement ce qu'il préfère.

Tout de suite, faites une liste de deux ou trois choses que vous aimeriez manger. N'hésitez pas. Si vous venez juste de manger et que rien ne vous interpelle, attendez quelques heures et essayez de nouveau. N'oubliez pas de demander à votre corps ce qu'il veut, pas à votre tête.

IDÉES DE FESTINS :
CHOSES QUE J'AIMERAIS MANGER

1.

2.

3.

Une fois que vous avez cerné ce que vous voulez manger et que la nourriture est à votre disposition, il est important de l'ingérer de façon attentive. Je veux dire par là que vous devez penser au goût, à la texture des aliments que vous voulez manger ainsi qu'au plaisir qu'ils vous procurent, et ce, exactement au moment où vous les voulez. Si vous le voulez, vous pouvez faire un petit exercice dont le centre de gestion de la souffrance de l'école médicale de Harvard se sert. Prenez un raisin sec et gardez-le dans la bouche pendant un bon cinq minutes. Concentrez votre attention sur la texture et le goût du raisin sec. Remarquez comment le raisin change quand vous le déplacez avec votre langue, le mordillez ou le sucez. Bien des gens qui font cet exercice jusqu'au bout sont surpris de découvrir qu'ils se sentent rassasiés, un peu comme s'ils avaient mangé un repas complet. Quand vous éprouvez vraiment de la joie à manger, un raisin sec peut devenir un véritable festin. Alors, un repas complet mangé avec toute votre attention ressemble vraiment à un « festin, festin, festin, festin, festin, festin ».

Un festin de beauté

Un de mes plaisirs non comestibles préférés est ce que j'appelle un « festin de beauté ». En général, nous utilisons le qualificatif beau pour parler des choses qui donnent du plaisir aux sens de la vue et de l'ouïe (par contre on ne dit pas que quelque chose a un beau goût et je ne sais pas pourquoi). La nourriture, même si elle est agréable à l'œil et à l'ouïe (crounch, crounch), s'adresse surtout aux sens du goût et de l'odorat. Étant donné que nous sommes des animaux principalement visuels et auditifs, nous repaître de ces genres de beauté, même sans nourriture, peut s'avérer une expérience formidable.

Par exemple, j'ai fait un festin de beauté immédiatement après ma première tournée de présentation de mon livre, une expérience épuisante qui m'a demandé de parler de mon livre jusqu'à ce que je déteste autant parler que je déteste vomir. Je suis certainement quelqu'un à qui les mots ne font pas peur. Mais cette tournée en avait temporairement épuisé la source. À la fin de la tournée, juste le fait de penser d'avoir à dire un mot de plus à quelqu'un me déchaînait comme un volcan. Je me suis alors réfugiée chez moi avec une seule pensée en tête : *orange*. Je ne veux pas dire orange, le fruit ni même le mot orange. J'étais simplement obsédée par la couleur orange. J'avais besoin de couleur orange, je recherchais tout ce qui était orange. Les pavots mexicains de couleur orange devant ma fenêtre me fascinaient. Mais je me perdais également dans la couleur orange des cônes de circulation et des céréales de couleur orange. Finalement, je me suis acheté une grande toile, que j'ai peinte de tous les tons et teintes d'orange. Et les jours suivants se sont quasiment déroulés sans un mot. Je les ai passés avec le côté visuel droit de mon cerveau. Pendant ce temps, mon côté gauche verbal rechargeait ses petites batteries. J'ai passé des moments délicieux, un festin pour les yeux, un long repos pour ce qui restait de mon cerveau après cette tournée.

Je me suis également sentie bien « nourrie » par certains morceaux ou genres de musique. Essayer de jouer du piano est un de mes festins préférés, même si j'estime être ce que l'on peut appeler avec tact une totale ineptie dans le domaine. Il vous sera peut-être plus facile de célébrer avec vos oreilles qu'avec vos yeux, ou le contraire. Ou bien vous aimerez autant l'un que l'autre. Quelles sont vos formes de beauté préférées ? Faites-en une liste ci-dessous. Je mentionne quelques exemples pour vous lancer sur la voie.

IDÉES POUR UN FESTIN DE BEAUTÉ

Vos yeux pourraient se délecter de :

1. La peinture irisée de votre voiture flambant neuve.

2. Des flocons de neige qui tombent dans un faisceau de lampadaire.

3. Votre atout majeur.

4. Un film merveilleusement tourné.

5.

6.

7.

8.

9.

10.

Vos oreilles pourraient se délecter de :

1. Le ronronnement d'un chat.

2. Un pot-pourri de vos pièces musicales préférées.

3. De la poésie lue à haute voix.

4. Un carillon qui tinte dans le vent.

5.

6.

7.

8.

9.

10.

Je reste souvent sidérée par le fait que mes clients, y compris ceux qui peuvent instantanément nommer plusieurs choses qu'ils trouvent belles, passent des années sans en profiter. Ils possèdent des CD en nombre et une chaîne stéréo dernier cri. Pourtant, ils n'écoutent jamais la musique qu'ils aiment. Ils savent pertinemment qu'ils détestent la couleur moutarde de leur salle de bain, mais n'ont jamais trouvé le temps de la repeindre de leur couleur préférée bleu lavande. Je force souvent mes clients, pas sous la menace d'un revolver mais pas loin, de prêter attention aux choses qu'ils trouvent les plus belles. Lorsqu'ils intègrent ces choses à leurs festins, au nombre minimum de trois par jour, le monde devient brusquement beaucoup plus coloré et satisfaisant, souvent à couper le souffle.

Vous pouvez incorporer des festins visuels et auditifs dans votre programme quotidien en y consacrant très peu de temps et d'effort. Collez une belle carte de souhait sur le mur de votre bureau ou tournez votre bureau de façon à voir par la fenêtre quand vous levez la tête. Faites jouer vos disques de Beethoven quand vous conduisez les enfants à l'entraînement de foot, à la retenue ou n'importe où où ils doivent aller chaque après-midi. Achetez la chanson que vous avez entendue à la radio – cette chanson ringarde qui vous rappelle l'Amour qui s'est enfui – et faites-la jouer sans arrêt dans votre chambre, et dansez. Ne vous contentez pas de voir et d'entendre : regardez et écoutez. Ces petites techniques, prises entre les rites de célébration et de gratitude, deviendront des festins qui vous « nourriront » et vous fortifieront pour le reste de la journée.

Célébrer avec le repos et la relaxation

Jusqu'ici, nous avons vu quatre des cinq sens : le goût, l'odorat, la vue et l'ouïe. Il reste le toucher, ce sens qui peut donner de fantastiques festins. En haut de la liste des festins tactiles figure bien entendu la sexualité. Un long massage langoureux peut être ajouté aux activités sexuelles ou les remplacer, dépendamment de votre état d'esprit, de corps et de vos rapports sociaux. Puis, il y a toutes sortes d'autres soins : soins du visage, manucure, bains spéciaux, relaxation guidée. Le seul fait d'avoir un tissu doux et agréable à toucher près de votre peau peut donner un air de fête à votre journée. Des pyjamas de flanelle sont une joyeuse célébration pour une peau fatiguée. C'est la même chose avec les pantoufles en peluche ou votre tee-shirt le plus confortable.

Il existe une sorte de sensibilité appelée « proprioception » qui n'est pas tout à fait du toucher mais qui y semble reliée. C'est la sensation que vous avez dans la position que vous prenez. Juste être allongé et se laisser aller peut être une fête pour le corps, surtout si vous pouvez le faire pendant environ quinze minutes en plein milieu de la journée. Vous étirer, vous gratter, danser, sautiller, en fait tout ce qui fait bouger votre corps, peut s'avérer une véritable fête pour ce dernier.

J'aimerais ajouter un dernier élément à cette catégorie qui est une délectation sublime : le sommeil. Les Américains ne dorment vraiment pas assez. Notre économie perd des milliards de dollars chaque année en raison des accidents et des maladies causés par le manque chronique de sommeil. En ce qui me concerne, j'ai dormi environ quinze minutes par nuit entre 1986 (quand j'ai commencé l'université et que j'ai eu mon premier enfant) et 1993 (quand j'ai finalement eu mon diplôme et envoyé mon plus jeune enfant à la maternelle). Depuis, je dors environ dix heures par nuit. Mes amis m'appellent affectueusement la « marmotte » pour me taquiner. C'est un titre que j'aime beaucoup parce que je sais que sans l'apport du sommeil, je deviens une lunatique dangereuse et désespérée qui n'a pas la moindre capacité de jouir de sa propre existence. Si votre style de vie ne vous permet pas de dormir jusqu'à ce que vous vous sentiez reposé, commencez à envisager des moyens de changer les choses. Si vous faites de l'insomnie, parlez-en à un médecin. Faites de petites siestes, non pas comme une personne faible et paresseuse, mais comme la personne qui est capable de piquer un somme comme c'est son droit. Il y aura probablement encore des périodes de votre vie où vous ne serez pas capable de célébrer en dormant longtemps chaque nuit. Il faudra cependant vous assurer que ces périodes ne durent pas longtemps.

Célébrer avec les douceurs pour le cerveau

J'adore la télévision. Je l'adore, tout simplement. Comme j'ai toujours voulu que mes enfants l'adorent aussi, je les ai plantés devant l'écran alors qu'ils étaient dans leur chaise haute, alors même qu'ils étaient trop jeunes pour que leur yeux puissent se mettre au foyer. Bien des gens sont choqués quand je le leur raconte, surtout ceux que j'ai rencontrés quand je fréquentais Harvard. Selon eux, la télévision ramollit le cerveau. Elle est une insulte à l'intelligence humaine, elle a une mauvaise influence sur les jeunes et est un aller simple vers la stupidité. À tous ces arguments, je le dis et le répète : j'adore la télévision.

La raison pour laquelle je ne me sens pas gênée de le dire, c'est parce que j'ai en grande partie grandi dans une maison sans télévision. Jusqu'à l'âge de treize ans, je n'avais rien d'autre à faire chez moi que de rester assise et lire Shakespeare. Résultat ? Je pouvais lancer des jurons médiévaux aux autres enfants (Que la peste bubonique s'abatte sur votre toit !) pendant qu'ils me rouaient de coups en me traitant de fausse intello. Quand quelqu'un se décida enfin à donner une télévision à mes parents, j'ai dû passer deux fois plus de temps que normalement devant l'écran pour me mettre à jour. Et Dieu merci il y a les reprises ! Mais, même à ça, je ne serai jamais au même niveau culturel que tout le monde dans mon propre pays !

À cause de ce passé, je suis totalement consciente que presque toutes les émissions de divertissement sont condamnées dès qu'elles sont présentées au grand public. Au début du XXᵉ siècle, certains critiques ont prévenu les gens que les jeunes devaient s'abstenir de lire ces livres bon marché, imbéciles et moralement questionnables que l'on appelait des romans. La musique de Mozart était considérée comme trop populaire par plusieurs de ses contemporains. L'art impressionniste ? Quelle horreur ! Un véritable outrage ! Une obscénité !

Le fait est que notre cerveau adore certaines activités et que cela dérange les gens qui n'y sont pas habitués. En ce qui me concerne, je pense que les émissions de divertissement sont non seulement inévitables, mais qu'elles sont aussi bénéfiques. Je crois que si Shakespeare, Platon ou Goethe avaient eu en leur possession une télé qui leur faisait voir des gens inconnus et des lieux lointains (y compris le fond des océans ou la surface d'une autre planète), ils l'auraient regardée sans arrêt. Par ailleurs, je suis persuadée que ces grands penseurs auraient adoré les comédies de situation. Je pense même qu'ils auraient écrit des scénarios pour la télévision !

Il en va de même pour les autres types de bonbons s'adressant au cerveau : les magazines à potins, les dessins animés, les bandes dessinées et les sites web bizarres. Bien entendu, une grande partie de ces bonbons ne valent rien et se reconnaissent immédiatement parce qu'ils ne sont pas intéressants. Quand vous les avez regardés, lus ou écoutés pendant quelques instants, vous laissez tomber et passez à quelque chose qui retient davantage votre attention. Le plus souvent, cette nouvelle forme inhabituelle de bonbon pour le cerveau deviendra l'art ou la littérature classique du siècle suivant. Alors, soyez le premier ou la première à vous joindre à la fête, totalement et sans aucune honte. Si je peux m'exprimer publiquement au sujet de ma grande attirance pour les journaux à potins, les tragédies irréalistes et les comédies cinglées, vous le pouvez aussi.

Célébrer avec l'amour

En fin de compte, il existe une sorte de festin qui éclipse tous les autres : c'est celui de l'amour. Si vous ne savez pas de quoi je parle, continuez de chercher jusqu'à ce que vous trouviez. Quand je vois mon fils de quatorze ans et son ami se rouer affectueusement de coups de coude, je me dis qu'ils célèbrent l'amour. Quand un client me dit que j'ai raconté quelque chose qui l'a aidé et que je lui réponds que l'honneur lui revient, c'est aussi une célébration d'amour. Quand une foule vient encourager les marathoniens et que ces derniers répondent à leurs encouragements, c'est une célébration d'amour, une célébration de masse. Mais il est vrai aussi que parfois, remplis d'espoir, nous allions vers ce que nous pensions être une célébration d'amour qui comblera notre cœur et que nous connaissions le rejet. Il est vrai que cela fait mal. Mais vous découvrirez que les célébrations d'amour comblent tellement votre âme qu'il vaut la peine de risquer de se faire blesser en prenant part à une telle célébration, qu'elle soit modeste ou grandiose.

Voici quelques façons de vous assurer de ne jamais rater une célébration d'amour à laquelle vous auriez pu assister. Tout d'abord, comme le disait Benjamin Franklin, « Si vous voulez être aimé, aimez et soyez digne d'être aimé. » Les célébrations d'amour sont toujours des réunions où chacun apporte quelque chose, notamment sa capacité à aimer d'une façon ou d'une autre. Si vous attendez que les autres fournissent cent pour cent de l'amour que vous voulez avoir dans votre vie, je vous suggère de trouver un thérapeute qui est disposé à vous aimer en échange d'argent. Ensuite, ne gardez pas l'amour pour vous. Si vous le ressentez, exprimez-le, sans exiger que les autres vous rendent la pareille, simplement en extériorisant ce que vous ressentez intérieurement. Le pire qu'il puisse arriver à votre cœur n'est pas le rejet par une autre personne, mais l'incapacité à exprimer l'amour que vous ressentez. Enfin, si vous avez le choix entre une célébration d'amour et un autre choix, choisissez la célébration d'amour. Voici comment l'exprime Edna St.Vincent Millay, cette femme poète qui aimait célébrer l'amour :

Il se peut fort bien que dans un moment difficile,
Clouée par la souffrance et gémissant pour m'en dégager,
Ou harcelée par la force du vouloir,
Je sois poussée à vendre ton amour pour avoir la paix,
Ou que je troque le souvenir de cette nuit pour de la nourriture.
Cela se peut. Mais je ne pense pas que je le ferais.

Comparées aux autres activités, les célébrations de l'amour embrouilleront votre vie, compliqueront votre carrière, vous useront et vous rendront fou ou folle. Mais je peux vous garantir que, lorsque vous ferez le bilan de votre vie sur Terre, les célébrations d'amour seront les moments et les années dont vous vous souviendrez avec le plus de joie, ce seront les expériences qui feront que vous aurez été heureux ou heureuse de vivre.

Il existe assurément bien des célébrations dont je n'ai pas parlé. J'espère que vous commencez à avoir une bonne idée de ce dont il s'agit. Tout ce qui peut combler votre être véritable, que ce soit d'ordre physique, émotionnel, intellectuel ou spirituel, est une célébration. Il reste une dernière étape pour compléter la recette numéro 10 : la gratitude.

Festoyer – Étape 3 : Exprimez votre gratitude

Je pense que le jour de l'Action de grâce a toujours été ma célébration préférée parce qu'elle était axée sur la gratitude. Non pas que je sois un être naturellement reconnaissant, comme mère Teresa ou Lassie. C'est juste que la gratitude a le merveilleux don de faire d'une certaine expérience la plus festive des célébrations. Et c'est exactement ainsi que je me sentais le jour de l'Action de grâce quand j'étais petite. Je ne dis pas que nous devrions tous être stupidement optimistes et empreints d'une attitude mielleuse en vue d'adoucir l'amertume de la vie. Je dis que la gratitude est la façon la plus rapide de déterminer si oui ou non votre vie est amère et comment composer avec cette amertume quand elle se présente. Essayez ce que je vais vous proposer. Dans les prochaines soixante secondes, inscrivez dans l'encadré vingt choses pour lesquelles vous ressentez vraiment de la gratitude. Allez-y !

LISTE DE GRATITUDE DE DÉPART

1.

2.

3.

4.

5.

6.

7.

8.

9.

10.

11.

12.

13.

14.

15.

16.

17.

18.

19.

20.

Si vous êtes resté bloqué, c'est que la gratitude n'est pas encore devenue un exercice automatique. Ce n'est pas que vous ne soyez pas reconnaissant pour au moins vingt choses, faites-moi confiance. C'est tout simplement que vous ne le savez pas.

Une vieille histoire soufie raconte que deux hommes se rencontrent alors qu'ils marchent sur une route de campagne. Un des deux hommes, un noble fortuné, porte un baluchon sur son épaule et une expression de découragement sur le visage. L'autre homme, un mendiant, lui demande pourquoi il est si déprimé. « Je cherche le bonheur, lui répond le noble. J'ai tout essayé. Je suis riche, j'ai du pouvoir, une position élevée, des connaissances et beaucoup de femmes. Pourtant, je suis totalement ravagé par l'anxiété. Alors, l'autre jour, j'ai finalement jeté quelques trucs dans un sac et je suis parti pour me trouver. »

« Ah, dit le mendiant, je vois. » Puis, sans prévenir, il arrache le sac de l'épaule de l'autre homme et s'enfuit dans la forêt. Il fonce sur le terrain accidenté jusqu'à ce qu'il se trouve à une certaine distance de la victime désemparée. Puis, lorsqu'il voit le noble s'approcher, il laisse le sac au milieu de la route et va se cacher derrière un rocher pour observer.

Naturellement, quand le riche noble voit son sac intact sur le sol, il devient fou de joie, saute partout, crie alléluia. Le mendiant, toujours caché derrière le rocher, crie alors : « C'est drôle ce qu'il faut à certaines personnes pour trouver le bonheur. »

Nous sommes pour la plupart comme ce noble. Nous cherchons partout le bonheur sauf dans le sac que nous transportons tous les jours. Quand je m'ennuie, j'aime bien faire l'exercice précédent en disant merci au hasard à au moins vingt choses que je n'ai jamais reconnues auparavant. Même si je fais cet exercice plusieurs fois par jour, je ne suis jamais à court. Juste en ce moment, par exemple, je suis reconnaissante pour l'électricité. Je ne l'avais jamais sorti auparavant celle-là ! Également pour ma jolie et nouvelle tasse à café. Et pour le café lui-même, la plus noble des graines. Je sens de la gratitude pour les clients que j'ai vus aujourd'hui, pour le plaisir que j'ai eu d'être en leur compagnie et pour l'admiration que leurs progrès suscitent en moi. Je ressens de la gratitude parce que mon amie m'a appelée il y a quelques heures et qu'elle m'a fait rire aux éclats. Je ressens de la gratitude pour la façon dont ma fille se coiffe (surtout ne le lui dites pas, elle risquerait d'en changer), pour la tarte au citron, pour le savon, pour les boucles d'oreille, pour les rouleaux tout collants qui permettent de décoller les poils de chien de vos vêtements. Vous voyez, et voilà ! Je commence à me sentir bien, même si c'est très tôt le matin et que ma célébration du sommeil a été plus que courte la nuit passée.

Une proclamation solennelle de gratitude a toujours pour effet de porter notre attention plutôt limitée vers des choses que nous aimons, et cela change tout. Il est difficile de se préoccuper de ce dont on manque quand on danse dans la rue et qu'on chante alléluia pour tout ce que l'on a déjà. Mon expérience me fait dire que les gens qui vivent ainsi connaissent beaucoup plus de succès et ressentent davantage de bienveillance que ceux qui ne vivent pas ainsi, même s'ils commencent avec moins. Toute célébration suscitera de la gratitude en vous. Alors, allez dans ce sens. Arrêtez-vous sur la bonne chose qui vient de vous arriver, revoyez-en les détails à plusieurs reprises. Réjouissez-vous-en. Écrivez les mots « Merci ! » sur un morceau de papier ou dites-le tout haut à quiconque a pris part à votre célébration, à personne en particulier, à Dieu (si vous croyez en lui), à vous-même. Créez un petit rituel de remerciements de la même façon que vous créez tous vos autres rituels, et répétez-le à la fin de chaque célébration.

IDÉES DE GRATITUDE

Façons de dire merci pour le plaisir
et votre propre bénéfice

1. Achetez-vous une gâterie de remerciement (Un stylo gel ! Un stylo gel !) pour marquer votre dernière célébration.

2. Appelez un ami chaque fois que vous concluez avec succès une célébration de n'importe quel genre. Vantez-vous sans aucune modestie.

3. Beuglez comme un taureau.

4. Écrivez une petite note de remerciement et brûlez-la, laissez la fumée monter là où Mary Poppins peut la trouver.

5. Faites une danse de la victoire, seul ou en compagnie.

6. Tenez un journal de gratitude dans lequel vous écrivez vos remerciements pour toutes vos célébrations quotidiennes. Oprah Winfrey l'a recommandé et, vous devez le reconnaître, cela ne semble pas lui faire de mal.

7. Organisez une rencontre au cours de laquelle vous donnez une récompense à tous les gens qui vous ont aidé à créer une célébration.

Festoyer – Étape 4 : Répétez souvent

Une fois que vous avez bien acquis tous les éléments d'une célébration, vous pouvez en faire un tout harmonieux. En premier lieu, trouvez quelque chose que vous aimez, quelque chose qui comble votre corps, votre esprit ou votre cœur. Pas besoin que cela prenne du temps. Il faut par contre que ce choix vous comble vraiment. Lorsque vous avez trouvé, entamez la célébration par un petit rituel. Ouvrez les volets, faites le signe de la croix, prenez une grande inspiration… n'importe quoi qui fonctionne pour vous. Ce rituel pourra changer d'une célébration à une autre. C'est parfait en autant qu'il vous aide à reconnaître que le geste que vous allez poser est censé vous redonner de l'énergie et est par conséquent sacré. Pendant votre célébration, permettez-vous d'être assouvi en toute conscience, tout en vous amusant le plus possible et en résistant le moins possible. Si la culpabilité, l'anxiété ou toute autre habitude déplaisante pointe son nez, essayez de les renvoyer en exprimant votre gratitude pour la célébration, immédiatement. Vous pouvez commencer à dire « Merci » quand vous le voulez, mais assurez-vous de le faire une fois pour terminer votre célébration.

Vous pouvez procéder à ces célébrations en silence, sans déranger personne, en quelques minutes ou en quelques heures. Mais faites-le au moins trois fois par jour, comme vous feriez trois repas par jour. La plupart des gens qui mettent la joie à leur menu découvrent qu'ils célèbrent déjà, mais pas aussi souvent qu'ils le pourraient et pas aussi consciencieusement. D'autres gens découvrent que la vie qu'ils espéraient vivre était sous leur nez depuis longtemps, qu'ils crevaient de faim alors qu'ils étaient assis à une table couverte de mets délicats. Le poème de Derel Walcott « Amour après amour » décrit très bien ce moment :

> *Le moment viendra où,*
> *avec exultation,*
> *tu t'accueilleras alors que tu arriveras*
> *à ta propre porte, à ton propre miroir,*
> *et chacun sourira au bienvenue de l'autre et dira,*
> *assieds-toi ici et mange.*
>
> *Tu aimeras de nouveau l'étranger qui était toi.*
> *Donne du pain. Donne du vin.*
> *Redonne ton cœur à lui-même,*
> *à l'étranger qui t'a aimé toute ta vie,*
> *que tu as ignoré pour un autre,*
> *qui te connaît par cœur.*
>
> *Assieds-toi et célèbre ta vie.*

RÉSUMÉ

Chacune des recettes présentées dans *La joie au menu* vous apporte une contribution inestimable et délicieuse pour célébrer votre vie. Il ne s'agit pas de plats exotiques compliqués. Chacune de ces recettes est composée d'ingrédients simples dont vous disposez déjà. Elles n'exigent aucun sacrifice majeur, pas de modification ni de transplantation de la personnalité. Elle demandent seulement un peu de courage et un engagement sans faille envers votre propre bien-être. Même si vous ne faites que des ajustements minimes à vos habitudes, votre vie changera de façons qui seront parfois subtiles, parfois radicales, mais toujours bonnes. En bout de ligne, vous constaterez que vous continuez automatiquement à mettre la joie au menu, non pas parce que vous vous êtes discipliné pour maîtriser un étrange nouveau processus, mais parce que vous êtes devenu vous-même. Vous êtes né pour être ouvert, honnête et courageux, pour vous amuser, pour rire souvent, pour aimer tout le temps et pour être aimé tout le temps. Vous êtes né pour être joyeux. Asseyez-vous et célébrez votre vie.

RECETTE NUMÉRO 10
EXIGENCES QUOTIDIENNES MINIMALES

1. *Créez un contexte de célébration.* Observez un rituel formel ou informel qui sépare le moment de la célébration (en d'autres termes, c'est se « nourrir ») des autres moments.

2. *Laissez-vous être assouvi.* Trouvez des expériences et des substances qui vous comblent (« nourrissent ») de toutes sortes de façons. Procédez avec attention et autant de plaisir que possible.

3. *Exprimez votre gratitude.* C'est le rituel qui met fin à la célébration, l'autre rituel l'ayant amorcé. Plus votre gratitude sera concrète, plus vous bénéficierez de l'expérience.

4. *Répétez souvent.* Vous ne devriez pas avoir grand effort à faire pour tenir un minimum de trois célébrations par jour. Si c'est possible, tenez-en plus.

TABLE DES MATIÈRES